产品战略规划丛书 **VI**

产品经理资质培养指导教材

产品协同战略

PRODUCT COLLABORATION STRATEGY

张甲华 著

金盾出版社

JINDUN PUBLISHING HOUSE

图书在版编目（CIP）数据

产品协同战略 / 张甲华著. -- 北京：金盾出版社，
2025. 7. --（产品战略规划丛书）. -- ISBN 978-7
-5186-1865-1

Ⅰ. F273.2

中国国家版本馆 CIP 数据核字第 2025CJ6436 号

产品协同战略

（产品战略规划丛书）

张甲华　著

出版发行：金盾出版社	开　本：787mm×1092mm　1/16
地　　址：北京市丰台区晓月中路 29 号	印　张：15.25
邮政编码：100165	字　数：240 千字
电　　话：（010）68276683	版　次：2025 年 7 月第 1 版
（010）68214039	印　次：2025 年 7 月第 1 次印刷
印刷装订：北京印刷集团有限责任公司	定　价：65.00 元
经　　销：新华书店	

（凡购买金盾出版社的图书，如有缺页、倒页、脱页者，本社发行部负责调换）

版权所有　侵权必究

总 序

中国改革开放的 40 多年，是经济大发展的 40 多年，也是中国企业不断探索，学习国外先进产品和管理理念的 40 多年。走到现在，国外先进产品、技术几乎已经学得差不多了，随着中国的消费升级，那些只模仿而不进行产品创新的企业，找不到自己的发展方向，只能加入无休止的"内卷"。

管理只能提高效率，不能解决企业的生死，只有产品才决定企业生死。虽然中国学习国外的企业管理理论已有几十年，各大学的经济管理学院招生都比较火爆，开设 MBA（工商管理硕士）的大学越来越多，中国企业的管理水平也大大提升，但是在当前的产业转型升级和供给侧结构性改革中，很多职业经理人或企业老板仍感觉无能为力，甚至无从下手。

当前中国企业应该由管理时代向经营时代转变。企业家们应该有新一轮的思考：企业经营的本质是什么？应该是经营产品。企业经营从内容上可以分为对"人"的经营和对"产品"的经营，但企业家们长期对产品经营重视度不够。在学术层面产品经营也长期被弱化，研究普通员工的管理和客户营销的相关学术理论很多，特别是如何提升企业中高层的领导力和管理能力，而专门研究产品战略规划的相关理论和书籍则少得可怜。

如何解决企业当前产品竞争力不强、"内卷"严重的经营困惑呢？

笔者认为企业应该重视消费升级趋势和产业转型升级规律研究，基于新商业逻辑和产品价值体系，做好系统化的产品战略规划，实现产品的"好卖"并"卖好"，持续增强企业的生命力。

如何做好产品战略规划呢？

基于自身 15 年创业和 18 年管理咨询的经历，笔者反复思考企业如何进行产品战略规划，确保产品"好卖"并"卖好"，专注 6 年撰写了这套产品战略规划丛书：《需求洞察与产品定位》《极致产品打造与开发》《商业模式与数字营销》《产品价格战略》《品牌战略规划》《产品协同战略》《产业转型升级与产品开发战略》。

产品战略规划的本质是实现产品的"好卖"和"卖好"，主要包括以下内容。

"好卖"的产品应该同时具有产业前瞻性、良好的市场性、明确的价值定位和独特的产品精神。

（1）产业前瞻性是指企业应该遵循产业的发展规律和转型升级路径，规划设计企业的转型升级战略，并制定相应的产品开发战略，也就是企业的产品战略规划应该符合产业分化的发展规律。产品首先具有产业发展的前瞻性，才能为企业指明技术研究方向，才能引领消费者。其相应内容在产品战略规划丛书的《产业转型升级与产品开发战略》中阐述。

（2）良好的市场性是指产品首先解决的是市场上的真需求，其次是要有巨大的市场规模潜力、精确的产品定位和目标市场定位。其相应内容在产品战略规划丛书的《需求洞察与产品定位》中阐述。

（3）明确的价值定位是指产品设计基于新商业逻辑和产品价值模型理论，有明确的、独特的价值功能诉求和定位，具有良好的产品体验。其相应内容在产品战略规划丛书的《极致产品打造与开发》中阐述。

（4）独特的产品精神是指产品应该具有文化元素的灵魂，具有独特的产品精神和产品基因，指引产品不断迭代升级和传承。其相应内容在产品战略规划丛书的《极致产品打造与开发》中阐述。

产品要实现"卖好"应该做好产品的协同战略、价格战略、品牌战略和数字营销，使企业产品从各自为战走向集团军协同作战。

（1）协同战略是指构建产品之间科学、多功能的产品组合，规划好产品间的协同战略，制定好竞争产品的区隔策略，使企业各产品之间形成一个相互协同的有机系统，提升产品竞争力，实现产品"好卖"和"卖好"。其相应内容在产品战略规划丛书的《产品协同战略》中阐述。

（2）科学的价格战略是指根据产品协同战略利用消费心理效应采取多样化的价格管理技巧和策略，科学利用价格战，提高产品的吸引力。制定产品价格战略是一个系统性工程，定价不是价格管理的结束，而是价格管理的开始。其相应内容在产品战略规划丛书的《产品价格战略》中阐述。

（3）良好的品牌战略为产品注入燃烧的激情，赋予内在精神，点燃人们的内心。企业应紧扣时代脉搏，以全新视角规划品牌战略，系统构建企业的品牌战略框架，并做好品牌打造、品牌传播、品牌体验和品牌升级，打造一个具有强大影响力和竞争力的品牌。其相应内容在产品战略规划丛书的《品牌战略规划》中阐述。

（4）数字化销售预警体系是指为了保证产品战略规划策略落地并实现预期目标，既要采用 $APPEALS 模型和 FFAB 模型深刻挖掘产品卖点，也要像火箭飞行过程中的预警和时刻调整一样，采用大数据、数字化等新技术科学预测、设计、监控并调整产品的成长轨迹，保证产品良性成长和战略目标实现。其相应内容在产品战略规划丛书的《商业模式与数字营销》中阐述。

本套产品战略规划丛书旨在阐明：要想解决企业长久的健康发展问题，出路在于重视产品经营并做好产品战略规划；从产业分化规律和洞察真实需求出发，结合产品价值理论和产品定位打造极致产品，科学规划产品协同战略，做好价格战略和品牌战略，利用数字化新技术时刻监控并及时优化营销策略，实现产品"好卖"并"卖好"，确保企业可持续、高质量发展。本套产品战略规划丛书是产品经理职业技能的核心内容，可作为产品经理资质培养指导教材。

2024 年 9 月，笔者参与起草了《产品经理资质等级与认定团体标准》（已于 2025 年 1 月发布），已授权作为本丛书的附录，详细内容参见《产业转型升级与产品开发战略》附录。

张甲华
2024 年 11 月

前　言

　　协同效应普遍存在于自然界和社会生活中。在自然界中，蜜蜂通过群体的协作，能够高效地采集蜂蜜和建造蜂巢；候鸟通过群体迁徙中的协同，能够克服长距离的飞行困难。在社会生活中，企业之间通过合作，能够整合资源，优势互补，提升市场竞争力；政府、企业和社会组织通过协同治理，能够更好地解决社会问题；教育、科研和产业通过协同创新，能够推动科技进步。

　　在企业中，战略协同、业务协同、品牌协同、技术协同的应用比较广泛，但是对产品协同战略的研究和应用比较薄弱。协同是一把利器，用好了可以助力发展，创造奇迹。

　　本书试图深入挖掘产品协同效应的模式和方式，推动企业实现产品间的集团军协同作战，帮助企业在激烈的市场竞争中脱颖而出，实现可持续的高质量发展。

　　本书分为产品协同规划和产品战略规划两篇。

　　第一篇为产品协同规划，主要研究协同战略以及产品协同战略规划的实施方法。首先研究了协同效应和协同战略，构建了产品协同战略框架，论述了产品协同规划的基础方法和产品体系构建方法；创新性地提出了产品协同的6种模式，启示企业产品规划人员应根据自己产品的特点构建协同模式，提升企业产品协同能力，形成集团军协同作战能力；论述了帮助企业进行整体规划产品的各种组合方法，实现产品协同；阐述了产品协同要处理好产品与"兄弟姐妹"的关系，包括竞争关系和互补关系。正确认识产品之间的关系，科学设置产品组合。如果是互补关系，要科学设计互补关系产品的协同策略，使其形成合理组合，形成集团化作战，提升产品组合的竞争力和生命力；如果是竞争关系，就要根据企业现状，制定科学合理的产品区隔策略，避免自己的产品之间形成竞争，相互消耗，降低企业的竞争力。

第二篇为产品战略规划，分为公司层面"做正确的事"的产品战略规划和区域 / 渠道层面"正确地做事"的产品战略规划。

（1）明确产品当前所处的成长阶段（市场环境和竞争地位），通过企业产品的成长地图，规划产品线和产品组合，帮助企业从各自为战走向集团军协同作战。

（2）评估产品线及产品的成长状态，分析产品结构；基于产品成长性和竞争力，挖掘企业的最佳"增长极"（产品、区域和渠道 3 个维度）和增长策略，实现销售高速增长。

（3）探究市场机会点，优化产品结构和梯次发展，实现高质量持续发展。

以上研究成果，赋予企业科学合理的发展定位及发展策略，助推企业实现最佳成长。就像乔布斯的产品规划一样，让公司上下形成一致的产品发展方向共识，以"721"原则集中资源投入，形成"聚焦、重点突破和布局"3 层科学合理的、梯队化发展的产品成长结构，把控企业发展节奏，让企业实现持续、快速、高质量发展。

本书强调理论联系实际，结合大量案例，应用战略定位分析（SPAN）模型、产品竞争力分析、产品排序方法、"721"原则等产品协同战略工具，深入阐释如何进行公司与各销售区域的产品战略评估与规划，使读者通过案例与方法讲解深刻领悟如何才能"做正确的事"。

通过学习产品协同战略规划，不仅能够明确企业产品的协同模式和不同关系产品的协同策略，还能够分析与评估企业关键成功要素和产品结构，帮助企业明确优势业务或产品领域，明确公司级产品发展方向与产品线战略；通过学习区域产品战略规划，不仅能够分析与规划区域的产品组合，实现产品协同，还能合理利用公司与区域资源，分解区域的销售目标，建立科学的绩效考核机制，确保公司战略目标的实现。

总而言之，要实现产品在市场上实现协同作战，产品协同战略规划至关

重要。这是每一位市场部经理、营销主管、产品经理和研发主管都应该高度
关注和思考的问题。

张甲华

2024 年 11 月

目 录

第一篇
产品协同规划

产品协同规划帮助企业产品从各自为战走向集团军协同作战。

第 1 章

协同战略

🔅 1.1 协同效应

协同效应是一种化学现象，又称增效作用，是指两种或两种以上的组分相加或调配在一起，所产生的作用大于各种组分单独应用时作用的总和。其中，组分是指混合物（包括溶液）中的各个成分，如碳、硫黄和硝酸钾，蔗糖溶液中的蔗糖和水。

1.1.1 协同效应的本质与内容

协同效应这一概念最初由德国物理学家赫尔曼·哈肯于 1971 年提出。1976 年，他又系统地论述了协同效应理论。

对于企业组织来说，协同效应可分为以下几个方面。

外部协同效应：指在企业集群中，由于企业间的相互协作和资源共享，整体盈利能力超过单独运作的企业。

内部协同效应：指企业内部不同环节、不同阶段、不同方面共同利用同一资源而产生的整体效应。

经济协同效应：指两个或多个企业并购后，企业的总体效益大于两个独立企业的效益之和。

财务协同效应：指企业合并后，公司所有有价证券持有者的财富得到增加。

产品协同效应：指不同产品以一定模式组合在一起使用，有助于消费者完成一项任务或提供一套解决方案，提升产品简单相加的市场竞争力。

协同效应是一种普遍存在的现象。理解了协同效应的原理和机制，我们可以更好地优化资源配置，提高整体效率，推动各个领域的创新和发展。

1.1.2 协同效应理论

协同效应理论，主要可分为管理协同效应理论、经营协同效应理论和财务协同效应理论 3 大方面。

1. 管理协同效应理论

管理协同效应理论又称差别效率理论，是指当两个在管理效率方面存在差别的企业发生并购后，管理效率较低的企业将受到管理能力较强企业的影响，使两企业的管理效率提高到同一水平，从而使总效率通过并购得到提高，表现出大于两个单独企业管理能力的现象，其本质是合理配置管理资源的效应，通过改善管理能力来提升企业价值。

2. 经营协同效应理论

经营协同效应主要是指并购给企业生产经营活动在效率方面带来的变化及效率提高所产生的效益。经营协同效应主要表现在以下 4 个方面。

（1）企业通过并购扩大生产规模，单位产品所负担的固定费用下降，使得收益率提高。

（2）并购企业可以将一些自己已经具备的产品生产能力扩展使用到目标企业相关产品上，从而获得范围经济。

（3）通过前向和后向一体化等纵向联合，将行业中处于不同发展阶段的企业联合起来，节省联络费用和各种交易费用来获得协同。

（4）销售协同。当集团成员单位使用相同的销售渠道、营销队伍或储运方式时，就有可能产生销售协同。共同的广告宣传、产品促销活动以及原有的良好声誉，都可以使单位的投入产生更大的回报。

3. 财务协同效应理论

财务协同效应是指企业并购给企业财务方面带来的种种收益。这些收益的取得不是由于效率的提高，而是由于并购双方财务状况的差异，通过税法、会计处理准则、证券交易等内在规定的作用而产生的节税利益，以及较低成本的内部融资和外部融资。

财务协同效应具体可表现在以下 4 个方面。

（1）企业内部现金流入更为充足，在时间分布上更为合理。

（2）企业内部资金流向更有效益的投资机会。

（3）企业资本扩大，破产风险相对降低，偿债能力和取得外部借款能力提高。

（4）企业筹集费用降低。

1.2　战略协同

战略协同最初应用在军事方面，通常包括各战场、各战略方向、各作战集团的协同。协同作战的最高层次，一般由统帅部或战区组织实施。目的是在一定的时间和空间内统一作战行动，使各种力量要素和各种斗争形式密切配合，形成整体力量，协调一致地打击敌人。科学地组织战略协同，能够发挥作战力量的最大整体功能，对于夺取战争的胜利具有重要作用。

战略协同是 20 世纪初开始出现的。第一次世界大战期间，飞机、坦克开始运用于战场，出现了大规模的陆空协同、步坦协同。第二次世界大战中，由于参战兵力众多，作战区域广阔，主要参战国结成不同的联盟，战略协同的规模和复杂程度有很大发展，地位作用有了明显提高。信息化条件下，随着高新技术兵器的广泛运用，战场空间扩大，参战力量多元，作战行动更为复杂，要求有效地组织诸军种、兵种在陆、海、空、天、网络、电磁多维战场的一体化联合行动，形成整体合力打击敌人。

战略协同，作为现代企业管理理论的重要组成部分，指的是两个或多个企业在战略层面上进行合作，以实现共同的目标和利益。这种合作方式不仅可以提高企业的竞争力，还可以促进整个行业的发展。战略协同的重要性在于它能够整合各方资源，实现优势互补，使企业产生的整体效益大于各独立组织单独运作产生效益的简单相加，从而提高企业的市场地位和盈利能力。"1+1＞2"就是对战略协同概念最通俗的解释。战略协同不但存在于企业的并购行为中，而且也体现在企业的日常运作过程中，即企业的一切决策行为中。

随着全球化竞争的加剧，越来越多的企业开始意识到单打独斗难以在激烈的市场竞争中立足。因此，它们纷纷寻求与其他企业建立战略协同关系，以共同应对市场挑战。这种趋势不仅体现在同行业企业之间的合作，还体现在不同行业、不同地域的企业之间。

然而，战略协同并非易事。要想实现真正的协同效应，企业需要克服诸多障碍，如文化差异、利益分配、管理协调等。只有克服了这些障碍，战略协同才能发挥出其应有的价值。

1.2.1　战略协同的基本原则

战略协同的基本原则包括以下几个方面。

（1）区分协同的主从关系。各战场之间的协同，以主战场为主；各作战集团之间的协同，以完成主要任务的集团为主；各作战方向，以主要方向为主。

（2）实施不间断的协同。在战略协同过程中，要提高信息获取和反馈能力，抓住重点，实施跟踪决策和动态指挥。当协同失调或遭到破坏时，应迅速予以调整和恢复。

（3）主动密切协同。在战略协同过程中，要以总目标为导向，各种力量必须树立全局观念，既要坚决执行协同计划，独立自主地完成任务，又要主动配合和支援友邻作战，共同达成战略目标。

1.2.2　战略协同的基本方法

组织战略协同是战略指挥员和指挥机构的一项极为重要的职责，通常根据公司的战略目标或意图，采取宏观控制和区分指挥相结合的方法，在时间、地点、目标上取得协调一致的行动。基本方法如下。

（1）根据目标任务组织协同。按照总的工作任务，明确规定各机构或人员的具体任务及相互关系，规定协同要求或标准，使之成为一个互相配合和相互支援的有机整体。

（2）根据时间组织协同。统一规定各机构或人员完成任务的时间要求，实现协调一致。

（3）根据空间组织协同。明确各机构或人员在一定空间地点或任务节点的行动顺序和方法，达成有机配合。

（4）根据实际情况组织协同。在市场环境条件下，各项任务条件瞬息万变，要依据不同情况，采取不同的协调方法，规定各机构或人员的行动，在情况变化中实现协同，使协同行动更加灵活，更加具有针对性。

1.2.3　战略协同的主要内容

战略协同是一种复杂的操作过程，是靠各种力量要素、各种任务在一定的时间和空间内协同配合来完成的。企业领导者依据公司资源的要素与结构关系，科学地组织协同，获得最大整体功能，实现企业经营目标。

美国战略管理学家伊戈尔·安索夫首次向公司经理们提出了战略协同的理念。他认为战略协同就是企业通过识别自身能力与机遇的匹配关系来成功地拓展新的事业，达到企业整体价值大于各部分价值的总和的企业战略，可以像纽带一样把公司多元化的业务联结起来，即企业通过寻求合理的销售、运营、投资与管理战略安排，可以有效配置生产要素、业务单元与环境条件，实现一种类似报酬递增的协同效应，从而使公司得以更充分地利用现有优势，并开拓新的发展空间。

多元化战略的协同效应主要表现为通过人力、设备、资金、知识、技能、关系、品牌等资源的共享来降低成本、分散市场风险以及实现规模效益。

长期以来，许多国内外学者从不同的研究角度出发，对战略协同作出不同的解释，其中较有代表性的有以下几种。

罗伯特·巴泽尔认为："战略协同就是能使相对于对各独立组成部分进行简单汇总而形成的业务表现而言的企业群整体的业务表现的一种企业战略。战略协同创造的价值主要有 4 种，即对资源或业务行为的共享、市场营销和研究开发的扩散效益、企业的相似性、对企业形象的共享。"

哈佛大学商学院教授罗莎贝斯·莫斯·坎特认为："战略协同就是为获取协同效益而实施的一种企业战略。"

西罗尔在《协同陷阱：并购游戏输在哪里》一书中给出了一个判断并购价值的公式：

并购战略的价值＝协同效应－溢价

所谓溢价是指并购者付出的超过公司内在价值的价格。如果溢价为零，那么并购价值就等于协同效应。如果没有协同效应，那么并购溢价就是并购方送给目标公司的礼物。

并购战略最大的挑战之一是付出的溢价是事前的和固定的，但协同效应却存在高度的不确定性。而并购战略一旦失败，代价则极为高昂，无论是金钱，还是声誉。

所以，在成熟的资本市场中，股东或投资者判断一项并购对自身利益影响的两个关键指标，就是潜在的协同效应和并购溢价。当并购方的出价远高于公司的内在价值而溢价又没有潜在协同效应来支撑的时候，投资者、社会公众以及其他利益相关者就会怀疑并购方的并购动机。如果并购方不能给出合适的解释，这种怀疑就会被投资者当成事实。而在并购涉及国际政治因素时，这种并购更会给怀疑论者提供一个值得利用的理由。

我国学者李沈认为："协同战略就是使企业内外部协同提高企业核心竞争力的一种企业战略。"

从以上分析来看，对企业战略协同的理解可以从以下 4 个关键性维度来加以把握。

（1）竞争合作性。企业间加剧的竞争促进了经济的迅速发展、社会资源的合理配置和科学技术的创新发展。企业纷纷制定各自的竞争战略，建立独特的竞争优势，使之能立于不败之地。同时，协同合作在合理配置资源、建立竞争优势中日趋扮演重要角色。企业在经营过程中要考虑战略联盟、伙伴关系，谋求相互合作。在合作的过程中，企业可以通过协同来发挥资源的最大效能，创造自己的竞争优势。只有重视合作，才能更充分发挥自己的优势，制造更多的利润，生存和发展的空间才更大，才能扩大市场容量，创造更多价值，把蛋糕做大。

（2）共生共赢性。战略协同寻求共生共赢的发展模式，强调通过合作和知识共享寻求发展机遇。协同各方主要是一种协作关系，即使可能在某些方面存在竞争，也属于协同型竞争。战略协同并不是消除竞争，相反，它要求企业加强自身的竞争能力。企业要实现协同发展，必须有自己的核心竞争能力，否则就会被排斥在协作阵营之外。

（3）动态适应性。企业协同战略不是一成不变的，而是要根据外部环境、自身条件以及企业目标的综合平衡时刻保持动态变化适应。战略协同对象选择强调协同各方的适应，即基于任务相关性标准的战略适应和基于伙伴相关性标准的文化适应，而不仅仅从合作单方的角度来考虑。同时，战略协同业务选择也必须因时、因地制宜。

（4）系统全局性。战略协同应该包括整个企业系统的协同，既包括企业与竞争者的协同，也包括企业与合作者的协同，更包括企业与环境的协同。从根本上说，这是一种包括供应商、顾客以及竞争对手的系统合作行为，单靠一家企业孤军奋战是无法实现的，只有市场环境系统内的主要成员——企业本身、供应商、顾客、竞争对手协同合作，才能达到目的。

1.3　协同战略模式

1.3.1　协同战略模式分类

协同战略模式可分为产业链模式、资源共享模式、资源互补模式和企业集群模式。

1. 产业链模式

（1）整合企业内部价值链，着重于优势方面。企业集中于产业链的一个或几个环节，不断优化内部价值链，获得专业化优势和核心竞争力，同时以多种方式与产业链中其他环节的专业性企业进行高度协同和紧密合作。这样一来，不仅极大地提高了整个产业链的运作效率，也使得企业获得了低成本快速满足客户日益个性化需求的能力，从而能够击败原有占据绝对优势的竞争对手企业。

（2）强化与产业价值链上、下游协同合作关系，整体快速响应市场。企业通过投资、协同合作等战略手段深化与产业价值链上、下环节企业的关系，在开发、生产和营销等环节上进行密切的协同和合作，使自身的产品和服务进一步融入客户企业的价值链运行当中，从而切实改善其运作效率，进而帮助其增加产品的有效差异性，提高产业链的整体竞争能力。在此过程中，企业得以结构化地提升存在价值，市场竞争优势得到巩固和加强，同时也符合产业链的控制权和利润区向末端转移的产业演进趋势，必然使企业获得较高的利润回报和竞争位势。

（3）关注产业链的薄弱环节，释放整体效能。企业应注意强化产业价值链中的薄弱环节，主动帮助和改善制约自身价值链效率的上、下游企业的运作效率，从而提高整个产业链的运作效能，使其竞争优势能建立在产业链释放的整体效率基础上，从而获得相对于其他链条上竞争对手的优势。

具体的做法可以通过采用强势的高效率企业对低效企业进行控制和强制的手段，也可以通过建立战略合作伙伴的方法进行解决，最后还可以通过产业链主导环节的领袖企业对产业链的系统整合来实现。

（4）抓住关键环节，重新组织产业链。企业必须识别和发现所在产业链的核心价值环节，即高利润区，并将企业资源集中于此环节，培育核心能力，构建集中的竞争优势，然后借助这种关键环节的竞争优势获得对其他环节协同的主动性和资源整合的杠杆效益。这样可以使企业成为产业链的主导，获得其他环节的利润或价值的转移，构建起基于产业链协同的竞争优势。

（5）构建管理型产业链来提高系统协同效率。作为行业领袖的领先企业，不能仅满足于已取得的行业内的竞争优势和领先地位，还要通过以上几种产业链竞争模式的动态运用，去应对产业价值链上价值重心的不断转移和变化，使自己始终处在高价值的关键环节中，保持竞争优势。同时，还要密切关注所在行业的发展和演进，主动承担起管理整个产业链的责任，这样才能获得产业链的合理结构和高效的协同效率，引领整个行业去应对其他相关行业的竞争冲击或发展要求，以保持整个行业的竞争力，谋求产业链的利益最大化。

在谋求产业链的高度协同和系统效率的具体运作中，各环节企业，无论是主导企业，还是一般参与企业，都应当重视以下几点：一是强调产业链的共同利益最大化；二是产业链上各环节间的协同应是长期的且需持续改进；三是合作的产业链中的企业之间应加强信任和认同；四是要注重对产业链中共同资源的管理和维护；五是各环节企业要在产业链的发展中增强自身的优势和竞争能力。

2. 资源共享模式

通过使不同下属企业在生产设备、研究开发或其他服务等方面采取资源共享、降低成本的方式实现协同，或者通过专业技能或专有知识的共享或相互转让，使各下属企业在生产制造、市场营销或其他领域获得新的或更好的运作手段。例如，雀巢公司通过把其在某一类产品或某一个市场所取得的经验向世界各地的下属企业推广，使公司不断利用在产品促销、广告宣传和市场调查方面的技术优势赢取利润；摩托罗拉公司则利用在无线通信和半导体方面的技术优势发展蜂窝式电话业务，使公司不断获利。因此，使各独立的下属企业从公司良好的整体形象和卓著的产品质量信誉中受益的公司品牌战略，是一种协同；通过协调各个下属企业的经营战略，实现单一下属企业所不能实现的利益，也是一种协同。下属企业间所有这些横向联系的方式都属于协同的范畴。

3. 资源互补模式

协同可以实现资源互补，从而优化资源配置。比如有这样两家公司，A 公司在研究与开发方面有很强的实力，但是在市场营销方面十分薄弱；B 公司在市场营销方面实力很强，但在研究与开发方面能力不足。如果将这样的两个公司进行合并，就会把好的组织机构同该公司各部门结合、协调起来，去除那些不需要的部分，使两个公司的能力实现协调有效的发挥。

4. 企业集群模式

协同战略的企业集群模式可分为卫星式和串联式。

（1）卫星式的企业群。卫星式的企业群是指一系列为大企业配套的中小企业。它们之间的关系可能是"寄生"，也可能是"共生"。例如，小米公司的配套企业主要包括天津和河北的企业，天津有 120 余家关键零部件企业为小米的北京整车企业配套，而河北有 220 家企业进入了小米京津整车厂供应链。

（2）串联式的企业群。串联式的企业群是指企业之间通过专业化分工所形成的具有行业特点或地区特点的企业聚集。它们之间通常是"共生"关系。它们相互信任、默契合作，聚集在某一有利的区域，从而无论是在信息方面，还是在技术方面，以及资源或服务的获得方面都具有较低的搜索成本、交易成本和运输成本。与此同时，群体内的企业可以充分发挥自身的优势，在设计、服务、型号等方面实施差异化，如东莞古镇的照明灯饰。由于集群内的企业靠利益分配机制无形地结合在一起，它们在这个区域组织内形成了一致的声音，在对付外部环境不确定性方面（技术、市场和政策）能快速反应，如温州打火机行业集体应对欧盟方面的反倾销诉讼，在速度方面领先于竞争者从而获得竞争优势，提高了竞争能力。

集群内的企业，都应当重视两个问题：一是高层管理人员的流动性可能较大以及高素质员工能否留住的问题；二是企业集群内的企业在发展与成长过程中存在协调的问题。

如何通过有效的合作产生协同效应？一般来说，有两方面的协调：一是企业家协调，二是管理协调。企业家的协调主要是在企业的创新和面临不确定性时，企业家利用其社会资本、信任机制来协调和控制成本。管理的协调主要是指在正式的契约、信息、与上下游企业的协同合作等方面使其管理活动外部化，同时发挥中介组织的作用。通过两方面有效的协调，协同效应可以为集群内的企业提供具有竞争力的外部环境，增强企业应对复杂多变的企业环境的能力，提高企业在超竞争环境下的竞争能力。

1.3.2 战略协同的未来发展趋势

随着科技的飞速发展和市场竞争的日益激烈，战略协同在未来将呈现出以下发展趋势。

1. 跨界协同成为主流

未来，企业之间的合作将不再局限于同行业或同地域范围内，而是涉及多个行业、多个地域甚至多个国家之间。这种跨界协同将为企业带来更多的发展机遇和市场空间。

2. 数字化协同成为新趋势

随着数字化技术的广泛应用和普及，企业之间的合作将更加依赖数字化平台和工具。数字化协同将大大提高合作效率和便捷性，降低合作成本。

3. 注重长期价值创造

企业在选择战略协同伙伴时将更加注重长期价值创造而非短期利益。他们将更加注重合作伙伴的可持续发展能力和长期合作潜力，以实现共同的长远发展目标。

4. 产品协同越来越受到企业重视

企业之间的竞争归根结底还是产品的竞争、品牌的竞争。产品的单打独斗成为过去，通过创新产品组合、产品协同，从产品的各自为战转向集团军协同作战，可大幅提升产品和企业的竞争力。

战略协同作为企业合作的新动力与争议焦点，在现代企业管理中发挥着越来越重要的作用。通过深入了解战略协同的概念、模式、实践与挑战，我们可以更好地把握其未来发展趋势，并为企业制定科学合理的战略协同策略提供有力支持。

1.4　协同战略框架

产品是企业的生命，是企业健康发展的基石，是企业与代理商、经销商以及消费者沟通的桥梁。

在市场竞争中，一些品牌和企业，正是因为产品出了问题，特别是产品质量出了问题，才栽了跟头，一蹶不振，甚至销声匿迹。例如，日本某品牌笔记本电脑的小问题导致其在美国赔偿 10 亿美元；三聚氰胺事件，使得几十年的三鹿企业瞬间倒闭。

由此可见，产品是一个企业发展的命脉。企业是否有好的产品，产品能否适应市场的发展和需要，产品之间是否形成了良好的协同效应，是决定企业能否持续发展的核心。产品不仅要适应市场，还要引领市场，因此企业要有超前意识，按市场发展趋势不断开发新产品，并规划好产品之间的协同关系，形成产品的集团军协同作战能力，推动企业的高质量发展。

产品开发出来并不是就万事大吉了。刚刚开发出来的新产品，就像一棵幼小的树苗，还要经过培土、施肥、浇灌、修剪等，才能长成参天大树；否则，任其自然成长，不管不顾，即使一棵很好的树苗，也可能因大风、缺水、阳光不足等问题而夭折，或者因为没有园丁的修剪而不能成材。所以对现有产品需要进行系统分析，根据其成长阶段、市场吸引力、竞争地位等进行产品战略定位、战略角色规划等，即公司需要对现有产品进行系统的产品战略规划。

产品战略是指企业对其所生产与经营的产品进行的全局性谋划。它与市场战略密切相关，是企业经营战略的重要基础。产品战略是否正确，直接关系企业的胜败兴衰和生死存亡。

产品协同战略规划分为产品协同战略和产品战略规划。其中，产品协同战略分为产品协同、产品组合和竞争产品区隔 3 个部分；产品战略规划要从产品线规划、主要产品规划和区域产品规划 3 个层面进行论述，包括总体框架、方法、工具与规划流程，以及产品战略与区域规划之间的平衡、匹配，从而制定适合市场的营销策略，持续提升产品的竞争力。

结合愿景与目标，产品协同战略就像建筑一栋大厦，其中愿景与目标是房屋的屋顶和整体风格，产品协同、产品线规划和区域产品规划是房屋的主体架构，战略规划的各类方法 / 工具是房屋地基。如图 1-1 所示。

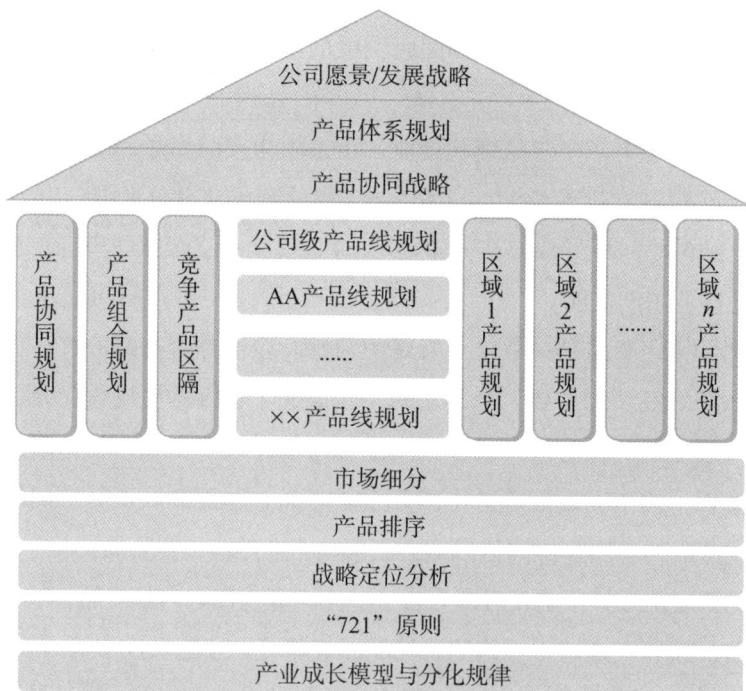

图 1-1　产品协同战略规划框架

第一部分为企业战略规划（屋顶部分），主要包括公司的愿景 / 发展战略、产品体系规划和产品协同战略。

第二部分为产品协同战略（中间左侧部分）。

第三部分为产品线规划（中间部分），是指多个产品线的产品战略规划。

第四部分为区域产品规划（中间右侧部分），是指各区域的产品战略规划。

第五部分为产品战略基础（地基部分），主要包括产品市场细分原则、产品排序、产品吸引力和竞争地位分析、战略定位分析、"721"原则等。

要想完成产品协同战略规划这座大厦，首先应该打好地基，即明确产品战略规划原则与工具，然后依据公司愿景、目标与战略规划去设计、完成产品协同战略和产品战略规划，最后需要将产品战略规划落实到产品线规划、主要产品规划和区域产品规划 3 个层次。只有这样，才能规划出一个优秀的产品协同战略，持续提升企业竞争力。

1.4.1　产品协同战略

产品协同战略既是企业产品战略的新课题，也是企业发展的新动能，能够大大提高产品的竞争力，是解决当前产品同质化严重问题，提升产品竞争力的新途径和新方法。产品协同战略包括产品协同规划、产品组合规划和竞争产品区隔。

1.4.2　产品战略规划

产品战略规划是一个系统，它通过产品线、产品族及产品营销计划等实现价值创造，提供一致分析，从而使公司能够通过科学的资源投资创造最大的价值。

企业可以运用系统、规范的方法或工具对公司内各产品线或产品的市场发展趋势、客户需求、竞争环境、对手以及结构合理性进行分析，创建合理的市场细分规则，对要投资和取得领先地位的细分市场进行选择和优先级排序，通过规划区域、渠道、产品线、产品的"721"原则，明确公司优先巩固（聚焦）的产品线 / 主要产品、重点发展（突破）的产品线 / 产品，实现产品的"好卖"与"卖好"。此外，利用战略分析工具对公司的销售区域和渠道进行分析与规划，从而不断提升公司竞争力，实现公司快速、持续发展。

产品战略规划是公司战略规划的核心内容，能为公司解决以下主要问题。

（1）通过梳理公司的产品地图，明确公司各产品线、产品的关系（竞争关系和互补关系）。

（2）通过市场细分明确公司主要产品的目标客户群及其特征，解决产品定位及产品线／产品的发展方向问题。

（3）通过建立数学模型对现有产品的市场吸引力和竞争地位进行分析，确定公司产品的结构合理性，诊断公司竞争力，提出公司产品发展与规划的方向。

（4）通过产品排序清晰产品的"721"原则，明确哪些产品是聚焦产品，哪些产品是重点突破产品，解决产品在公司的使命及战略角色定位方面不明确的问题。

（5）通过确定区域、渠道、产品线的"721"原则，明确在哪些区域主推哪些产品；找到新产品快速增长的路径和产品商业模式，解决产品怎样才能"卖好"的问题。

1.4.3　区域产品规划

区域产品规划是产品战略规划的核心流程之一。它运用严格、规范的方法／工具，对区域市场环境、客户需求、竞争状况、产品结构合理性、区域主销产品与公司产品规划一致性进行分析，从而明确区域的愿景／使命、销售目标；通过规划调整主销产品、子区域和渠道的"721"原则，确定本区域主销产品的战略角色定位以及产品销售拓展路径；制定本区域的产品营销策略，保证销售目标的实现。

区域产品规划目的是通过区域产品、渠道和子区域的"721"原则，明确区域主销产品、主要渠道与子区域，从而合理利用公司级资源，分配区域有限资源，通过科学投入提升区域长期竞争力，创造最大的价值。

区域产品规划主要解决以下问题。

（1）通过各区域市场细分、区域竞争对手的确认与各自优劣势的分析，明确自己区域产品结构的合理性及提高产品销售的途径，解决区域产品策略全国"一刀切"的问题。

（2）通过区域产品、渠道和子区域的"721"原则、各个产品的战略角色定位（形象型、主销型、辅销型和阻击型）的确定，明确用什么策略可以有针对性地打击竞争对手，提高本公司产品在该区域的市场份额、销售增长率和利润。

（3）通过分析与规划营销组合和产品组合，学会合理利用公司与区域资源，分解区域的销售目标，制定适合各区域的营销策略。

（4）培养区域办事处经理的营销能力，使其学会分析产品市场潜力、竞争地位、目标客户群及其消费特征，学会分析本区域的产品结构并制定针对性的区域产品策略。

每个公司都希望有良好的产品战略，从而使公司能先于其他公司进入新兴市场，保障或者提高公司目前在市场上的竞争地位。有效的产品战略能够激励人们开发出成功的产品。

第2章
产品协同战略理论基础

2.1 产品市场细分

产品市场是指可供人们消费的最终产品和服务的交换场所及其交换关系的总和。每一种产品应该有自己独特的价值和消费市场，如何设定产品的价值去满足消费市场的需求？如果所划定的产品市场范围过宽，就会使自己的产品不具有针对性和专业性；如果划定的范围过于狭窄，就会缩小产品的市场份额，消减产品利润。因此，我们首先要分析市场需求，进行准确的市场细分。

2.1.1 产品市场细分概念与基础

产品市场细分是指在最终产品和服务的交换场所及其交换关系的总和中，依据不同类别的客户需求和相对同类的客户需求将市场划分为不同的群体。

产品市场细分是进行外部分析的第一步，其客观基础是消费者需求的异质性，即在异质市场中寻找需求一致的消费者群，实质是在异质市场中求同质。下面，我们将详细分析产品市场细分的基础。

1. 消费者需求存在差异性

消费者需求差异性是指不同消费者之间的需求是不一样的。在市场上，消费者总是希望根据自己的独特需求去购买产品。因此，根据消费者需求的差异性，我们可以把市场分为同质性需求和异质性需求两大类。同质性需求是指消费者的需求差异性很小，甚至可以忽略不计，因此没有必要进行市场细分；异质性需求是指由于消费者所处的地理位置、社会环境不同，自身的心理和购买动机也不同，他们对产品的价格、质量、款式需求具有差异性。这种需求的差异性就是我们市场细分的基础。

2. 消费者需求存在相似性

在同一地理条件、社会环境和文化背景下的人们，通常会形成相对类似的人生观、价值观的亚文化群，他们的需求特点和消费习惯大致相同。正是因为消费需求在某些方面的相对同质，市场上绝对差异的消费者才能按一定标准聚合成不同的群体。如果说消费者需求的绝对差异造成了市场细分的必要性，那么消费需求的相对同质性则使市场细分有了实现的可能性。

3. 企业的资源有限

现代企业由于受到自身实力的限制，不可能向市场提供能够满足一切需求的产品和服务。为了进行有效竞争，企业必须进行市场细分，选择最有利可图的目标细分市场，集中企业资源，制定有效的竞争策略，以取得和增加竞争优势。

2.1.2　产品市场细分作用

1. 有利于选择目标市场

市场细分后的子市场比较具体，容易了解不同细分市场的客户需求、客户使用与购买习惯。企业可以根据自身的经营思想、方针及生产技术和营销力量，确定自己的服务对象，即目标市场。

联想集团的产品细分正是基于客户需求的明确区分。联想集团打破了传统的"一揽子"促销方案，围绕"锋行""天骄""家悦"3 个品牌，面向不同用户群的需求，推出不同的细分促销方案。"天骄"用户，可以优惠价购买让数据随身移动的魔盘、可精彩打印数码照片的 3110 打印机、SOHO 好伴侣的 M700 多功能机以及让人尽享数码音乐的 MP3；"锋行"用户，可以优惠价购买"数据特区"双启动魔盘、性格鲜明的打印机以及"新歌任我选"MP3 播放器；"家悦"用户，则可以优惠价购买"电子小书包"魔盘、完成学习打印的打印机、名师导学的网卡以及成就计算机高手的计算机学习教程。

2. 有利于进行产品战略和角色定位

企业在选定的目标市场上，可从产品的市场吸引力和竞争地位两个维度逐层分解影响因素，选定关键因素并进行权重分配，根据市场吸引力和竞争地位大小确定产品的战略位置，然后结合产品目标确定该产品在市场竞争和产品销售中的角色。

3. 有利于制定市场营销策略

根据产品在细分市场中的位置，分析它的优势和劣势，可有针对性地制定营销策略，表现在产品价格、促销、渠道等方面。同时，在细分市场上，可方便地进行信息的了解和反馈。一旦消费者的需求发生变化，企业可迅速改变营销策略，制定相应的对策，以适应市场需求的变化，提高企业的应变能力和竞争力。

4. 有利于发掘市场机会，开拓新市场

利用细分市场与现有产品的匹配关系，企业可以对每一个细分市场的购买潜力、满足程度、竞争情况等进行对比分析，发现空白市场或内部产品中有冲突的细分市场，寻找有利于本企业的市场机会，使企业及时作出投产、销售决策或根据本企业的生产技术条件编制新产品开发计划，为企业的新产品开发、产品管理及市场管理提供有效信息输入，及时掌握产品更新换代的主动权，开拓新市场，以便更好地满足市场需要。

5. 有利于提高企业经济效益

企业是以实现利润为目的的，无论是目标市场的正确选定、企业资源的合理分配，还是新市场的挖掘，最终的结果都会影响企业的利润。企业通过市场细分后，可以针对目标市场生产出适销对路的产品，从而加速商品流转，加大生产批量，降低企业生产销售成本，有针对性地提高员工技能，提高产品质量，全面提升企业的经济效益。

2.1.3　产品市场细分原则

企业进行市场细分的目的是通过对消费者的需求差异予以定位，来取得更大的经济效益。众所周知，产品的差异化将导致生产成本和推销费用的相应增长。所以，企业应在市场细分所得收益与市场细分所增成本之间做一个权衡。由此，有效的市场细分应满足以下 5 个原则，如图 2-1 所示。

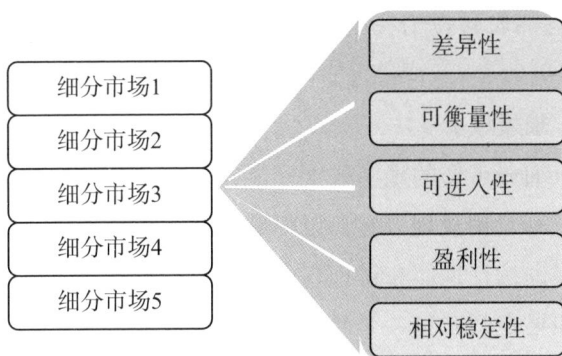

图 2-1　产品市场细分原则

1. 差异性

差异性是指细分市场在观念上能被区别并对不同的营销组合因素和方案有不同的反应。差异性是市场细分的基础。一方面，凡是使消费者需求产生差异的因素都可以作为市场细分的标准。如果不同细分市场消费者对产品的需求差异不大，行为上的同质性远大于其异质性。此时，企业就不必进行市场细分。另一方面，对于细分市场，企业应分别制定独立的营销方案。如果无法制定出这样的方案，或其中某几个细分市场对采用相同的营销方案的反应不大，便不必进行市场细分。

2. 可衡量性

可衡量性是指细分市场的标准及细分后的市场是可以识别和衡量的，即有明显的区别、合理的范围。如果某些细分市场或购买者的需求和特点很难衡量，市场细分后无法界定，难以描述，那么市场细分就失去了意义。一般来说，那些带有客观性的因素，如年龄、性别、收入、地理位置、民族等，都易于确定，并且有关的信息和统计数据，也比较容易获得，而那些带有主观性的因素，如心理和性格方面的，就比较难以确定。

3. 可进入性

可进入性是指企业通过努力能够使产品进入市场并对消费者施加影响。

一方面，有关产品的信息能够通过一定媒体顺利传递给该市场的大多数消费者；另一方面，企业在一定时期内有可能将产品通过一定的分销渠道运送到该市场。否则，该细分市场的价值就不大。比如，生产冰淇淋的企业，如果将我国中西部农村作为一个细分市场，恐怕在很长一段时间内都难以进入。

4. 盈利性（规模性）

盈利性是指细分市场的规模要大到能够使企业足够获利的程度，使企业值得为它设计一套营销规划方案，以便顺利地实现其营销目标，并且有可拓展的潜力，以保证按计划能获得理想的经济效益和社会效益。比如一个普通大学的餐馆，如果专门开设一个西餐馆满足少数师生喜欢吃西餐的要求，就可能由于这个细分市场太小而得不偿失。

5. 相对稳定性（持久性）

相对稳定性是指细分市场有相对的稳定时间。细分市场能否在一定时间内保持相对稳定，直接关系到企业生产营销的稳定性。特别是大中型企业以及投资周期长、转产慢的企业，更容易造成经营困难，严重影响企业的经营效益。

2.1.4　产品市场细分依据

产品市场分为消费者市场和生产资料市场。消费者市场是指为满足自身需要购买产品的由一切个人和家庭构成的市场，主要包括生产者市场、中间商市场和政府市场。生产资料市场是指由为了生产或再生产的需求购买或准备购买生产资料的消费者群体构成的市场。由于两大市场具有不同特点，下面分别分析它们的细分依据。

1. 消费者市场的细分依据

消费者市场的细分依据可以概括为地理因素、人口统计因素、心理因素和行为因素4个方面，每个方面又包括一系列的细分变量，如表2-1所示。

表2-1　消费者市场细分依据及变量一览表

细分依据	细分变量
地理因素	地理位置、城镇大小、地形、地貌、气候、交通状况、人口密集度等
人口统计因素	年龄、性别、职业、收入、民族、宗教、教育、家庭人口、家庭生命周期等

细分依据	细分变量
心理因素	生活方式、性格、购买动机、态度等
行为因素	购买时间、购买数量、购买频率、购买习惯（品牌忠诚度）、对服务 / 价格 / 渠道 / 广告的敏感程度等

（1）按地理因素细分。

按地理因素细分，即按消费者所在的地理位置、城镇大小及地理环境因素细分，如表 2-2 所示。

表 2-2　地理因素细分变量

细分变量	说明
地理位置	按照地理区域进行细分，我国可划分为东北、华北、西北、西南、华东和华南几个地区 按照行政区域进行细分，我国可划分为省、自治区、直辖市、特别行政区等，或内地、沿海、城市、农村等
城镇大小	可划分为大城市、中等城市、小城市和乡镇
地形和气候	按地形可划分为平原、丘陵、山区、沙漠地带等 按气候可划分为热带、亚热带、温带、寒带等

处在不同地理环境下的消费者，对于同一类产品往往会有不同的需求与偏好。例如，对自行车的选购可按地理位置来划分，城市居民喜欢式样新颖的轻便车，而农村居民注重坚固耐用的加重车等；对防暑降温、御寒保暖之类的消费品可按不同的气候带来划分，在我国北方，冬天气候寒冷干燥，加湿器很有市场，而在江南地区，由于湿度大，基本上不存在对加湿器的需求。

（2）按人口统计因素细分。

按人口统计因素细分，即按年龄、性别、收入、民族、职业、受教育程度、家庭人口数量等因素，将市场划分为不同的群体，如表 2-3 所示。人口统计因素比其他因素更容易测量，且适用范围比较广，因而人口统计因素一直是细分消费者市场的重要依据。

表2-3 人口统计因素细分变量

细分变量	说明
年龄	按成长阶段可划分为婴儿市场、儿童市场、少年市场、青年市场、中年市场、老年市场等 按实际年龄可划分为0～3岁、4～12岁、13～18岁、18～35岁、36～55岁、56～70岁等 从事服装、食品、保健品、药品、健身器材、书刊等商品生产经营业务的企业，经常采用年龄因素来细分市场
性别	按性别可划分为男性市场和女性市场 男性市场主要产品：香烟、饮料、体育用品等 女性市场主要产品：美容美发、化妆品、珠宝首饰、服装等
收入	按平均收入的多少可划分为高收入、次高收入、中等收入、次低收入、低收入等 收入的变化将直接影响消费者的需求欲望和支出模式，收入高的消费者会比收入低的消费者购买更高价的产品，如钢琴、汽车、空调、豪华家具、珠宝首饰等；收入高的消费者一般喜欢到大百货公司或品牌专卖店购物，收入低的消费者则通常在住地附近的商店、仓储超市购物 汽车、旅游、房地产等行业一般按收入因素细分市场
民族	按民族可划分为汉族和少数民族 各民族都有自己的传统习俗、生活方式，从而呈现出各种不同的商品需求，如我国西北地区的少数民族饮茶很多
职业	《职业分类大典》把我国职业划分为8个大类：①国家机关、党群组织、企业、事业单位负责人；②专业技术人员；③办事人员和有关人员；④商业、服务业人员；⑤农、林、牧、渔、水利业生产人员；⑥生产、运输设备操作人员及有关人员；⑦军人；⑧不便分类的其他从业人员 不同职业的消费者，由于知识水平、工作条件和生活方式等不同，其消费需求存在很大的差异，如教师比较注重书籍、报刊方面的需求，文艺工作者则比较注重美容、服装等方面的需求
受教育程度	按受教育程度可划分为小学、中学、高中、专科、本科、研究生等 受教育程度不同的消费者，在生活方式、文化素养、价值观念等方面都会有所不同，因而也会影响他们的购买种类、购买行为和购买习惯
家庭人口数量	按家庭人口数量可划分为单身家庭（1人）、单亲家庭（2人）、小家庭（2～3人）、大家庭（4人及以上） 家庭人口数量不同，在住宅大小、家具、家用电器乃至日常消费品的包装等方面都会出现需求差异

（3）按心理因素细分。

按心理因素细分，即将消费者按其生活方式、性格、购买动机细分成不同的群体，如表 2-4 所示。

表 2-4　心理因素细分变量

细分变量	说明
生活方式	生活方式是人们对工作、消费、娱乐的特定习惯和模式，不同的生活方式会产生不同的需求偏好 生活方式分类较复杂，常见的有传统型和现代型，节俭型和奢侈型，城市型和农村型等 服装、化妆品、家具、娱乐等行业，一般按人们的生活方式来细分市场
性格	按性格表现色彩可划分为红色、黄色、蓝色和绿色 按十八型人格可划分为开放型、完美型、计较型、认知型、成就型、力量型、浪漫型、给予型、活跃型、形体型、疑惑型、随和型、传统型、自由型、智慧型、想象型、多面型、多变型 性格外向、容易感情冲动的消费者往往好表现自己，因而喜欢购买能表现自己个性的产品；性格内向的消费者则喜欢大众化，往往购买比较平常的产品；富于创造性和冒险心理的消费者，则对新奇、刺激性强的商品特别感兴趣
购买动机	感情动机：求美动机（从美学角度选择商品）、嗜好动机（满足特殊爱好）、攀比动机（对地位的要求、争强好胜心理） 理智动机：求实动机（产品的实用价值）、求新动机（产品的新潮、奇异）、求优动机（产品的质量性能优良）、求名动机（看重产品的品牌）、求廉动机（喜欢买廉价的商品）、求简动机（要求产品使用程序简单、购买过程简单） 惠顾动机：感情和理智的经验

这种细分方法能显示出不同群体对同种商品在心理需求方面的差异性。

（4）按行为因素细分。

按行为因素细分，即按照消费者购买某种商品的时间、数量、频率、习惯细分，如表 2-5 所示。

表2-5　行为因素细分变量

细分变量	说明
购买时间	按季节可划分为春季、夏季、秋季、冬季 按节假日可划分为工作日、节假日（法定节假日、双休日、寒暑假等） 按每天时间可划分为早、中、晚 服装、食品、旅游、家电等行业都会受到时间的影响
购买数量	可划分为大量用户、中量用户和少量用户 例如，文化用品的大量用户是知识分子和学生，化妆品的大量用户是青年妇女 注：大量用户人数不一定多，但消费量大
购买频率	可划分为经常购买、一般购买、不常购买（潜在购买者） 如铅笔，小学生经常购买，而工人则不常买
购买习惯（对品牌的忠诚度）	可划分为坚定品牌忠诚者、多品牌忠诚者、转移的忠诚者、无品牌忠诚者等 如有的消费者忠诚于某些产品，如海尔电器、中华牙膏等；有的消费者忠诚于某些服务，如某酒店或饭店等。因此，企业必须辨别忠诚消费者及特征，以便更好地满足他们的需求，必要时给忠诚消费者以某种形式的回报或鼓励，如给予一定的折扣等

2. 生产资料市场的细分依据

上述消费品市场的细分依据有很多都适用于生产资料市场的细分，如地理环境、气候条件、交通运输、追求利益、购买习惯等。但由于生产资料市场有它自身的特点，企业还应采用其他一些依据来进行细分，最常用的有用户要求、用户经营规模、用户地理位置等因素。

（1）按用户要求细分。

用户要求是生产资料市场细分常用的依据。不同的用户对同一产品有不同的需求。例如，晶体管厂可根据晶体管的用户不同将市场细分为军工市场、工业市场和商业市场。其中，军工市场特别注重产品质量；工业市场要求有高质量的产品和服务；商业市场主要用于转卖，除要求保证质量外，还要求价格合理和交货及时。飞机制造公司对所需轮胎要求的安全性要比一般汽车生产厂商高许多。同是钢材，有的用于生产机器，有的用于造船，有的用于建筑等，钢材规格、材质有所区别。因此，企业应针对不同用户的需求，提供不同的产品，设计不同的市场营销组合策略，以满足用户的不同要求。

（2）按用户经营规模细分。

用户经营规模也是细分生产资料市场的重要依据。用户经营规模决定其购买能力的大小。按用户经营规模，可划分为大用户、中用户、小用户。大用户数量虽少，但其生产规模、购买数量大，注重质量、交货时间等；小客户数量多、分散面广、购买数量有限、注重信贷条件等。许多时候，和一个大客户的交易量相当于与许多小客户的交易量之和。失去一个大客户，往往会给企业造成严重的损失。因此，企业应按照用户经营规模，建立相应的联系机制和确定恰当的接待制度。

（3）按用户地理位置细分。

每个国家或地区大都在一定程度上受自然资源、气候条件和历史传统等因素影响，形成若干工业区，如江浙两省的丝绸工业区、以山西为中心的煤炭工业区、东南沿海的加工工业区等。这就决定了生产资料市场往往比消费品市场在区域上更为集中，地理位置因此成为细分生产资料市场的重要依据。企业按用户的地理位置细分市场，选择客户较为集中的地区作为目标，不仅有利于节省推销人员往返于不同客户之间的时间，而且可以合理规划运输路线，节约运输费用，也能更加充分地利用销售力量，降低推销成本。

以上从消费者市场和生产资料市场两方面具体介绍了细分依据和变量。为了有效地进行市场细分，以下几个问题应引起注意。

（1）动态性。

细分的依据和因素不是固定不变的，如收入水平、城市大小、交通条件、年龄等，都会随着时间的推移而变化。因此，应树立动态观念，适时进行调整。

（2）适用性。

市场细分的因素有很多，各企业的实际情况又各不相同。因此，不同的企业在细分市场时采用的细分因素和依据不一定相同，究竟选择哪种变量，应视具体情况加以确定，切忌生搬硬套和盲目模仿。

（3）组合性。

要注意细分因素的综合运用。在实际营销活动中，一个理想的目标市场是有层次或交错地运用上述各种因素的组合来确定的。例如，化妆品的经营者将 18 ～ 45 岁的城市中青年女性确定为目标市场，就运用了年龄、地理区域、性别、收入 4 个变量年龄。

2.1.5 产品市场细分流程

简单来讲，产品市场细分应该经过 4 个步骤：选定市场范围、确定市场细分变量、形成细分市场和初评细分市场规模。

美国市场学家麦卡锡提出了细分市场的一整套程序，这一程序包括 7 个步骤，如图 2-2 所示，学术界和企业界又称其为市场细分七步法。对这七步法进行分析，会发现该方法从本质上来讲是对 4 个步骤的延伸和扩展，在逻辑上也是相同的。

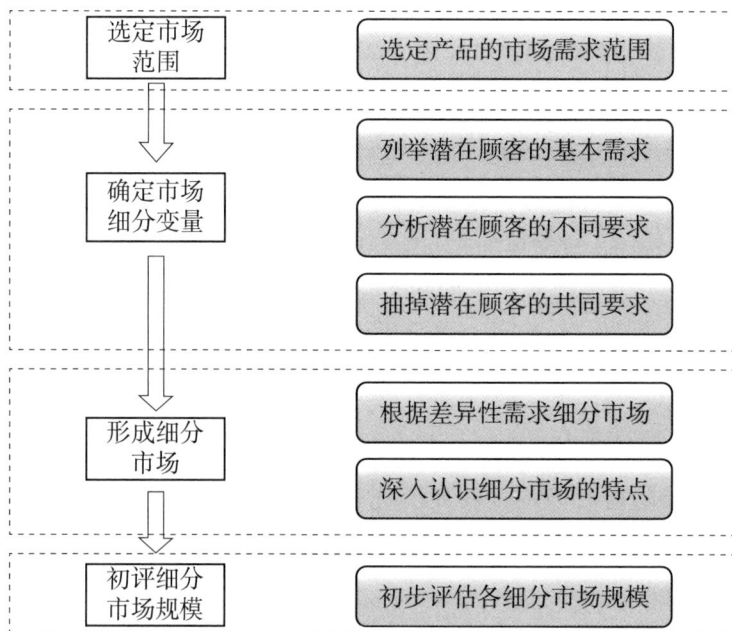

图 2-2 市场细分七步法

1. 选定市场范围

一般情况下，不同的企业在不同的发展阶段，面对不同的市场环境，其市场细分的范围是不一样的。例如，一个饮料企业要进行市场细分，在其发展的初期可能是针对某一种碳酸饮料的顾客群体进行细分，但在其发展的后期可能是针对多种饮料的消费群体进行细分。细分范围的不同将直接影响细分方法的选取，并决定了细分工作的难度与工作量。

选定产品的市场范围一般包括两个步骤：第一，确定经营范围；第二，确定产品市场范围，即潜在的顾客群体。

2. 确定市场细分变量

（1）列举潜在消费者的基本需求。

选定了产品的市场范围，公司基本确定了针对哪些地理区域、生产哪些产品和面对哪些顾客群体。然后，需要从地理、人口、行为和心理等几个方面的变量出发，大致估算一下潜在顾客有哪些基本的需求。通过这一步掌握的情况可能不是很全面，但它为后面的深入分析提供了基本资料。

例如，××房地产销售公司可以通过调查，了解消费者对住宅的基本需求，包括遮风避雨、安全、方便、设计合理、室内陈设完备、工程质量好。

（2）了解潜在用户的不同要求。

对于列举出来的基本需求，不同消费者强调的侧重点可能会存在差异，需要从地理、人口、行为和心理等角度对顾客进行合理分类，找到每个顾客各自的需求，然后分析各个消费群体的需求有什么不同，哪些需求对他们更重要。

例如，住房的经济、安全、遮风避雨是所有消费者共同强调的，但有的用户可能特别重视生活的方便，另外一类用户则对环境的安静、内部装修等有很高的要求。通过这种差异比较，不同的消费者群体即可被初步识别出来。

（3）抽掉潜在消费者的共同要求。

公司需要移去各细分市场或各客户群的共同需求，这些共同需求虽然很重要，但是只能作为设计市场营销组合的参考，不能作为市场细分的基础。

例如，上述所列购房的共同要求中，遮风避雨、安全是每位用户的要求，但不能作为细分市场的依据，因而应该将其剔除。

3. 形成细分市场

（1）根据差异性需求细分市场。

公司找到差异性需求之后，把与差异性需求相对应的顾客细分变量和利益细分变量作为市场细分变量。当确定了所有的细分变量后，选择合适的细分方法，然后将市场划分为不同的群体或子市场，并结合各细分市场的顾客特点赋予每一子市场一定的名称，以便在分析中形成一个简明的、容易识别和表述的概念。

（2）进一步完善各个细分市场。

通过以上过程，基本上形成了一系列细分市场。然后，公司还要对每一个细分市场的顾客需求及其行为作更深入的考查，看看各细分市场的特点掌握了哪些，还要了解哪些，进一步明确各细分市场有没有必要再细分，或重新合并，从而进一步完善细分市场，最终基本确保所形成的各个细分市场拥有各自的需求特点，各个细分市场之间可区分性比较好。

4. 初评细分市场规模

企业进行市场细分，是为了寻找获利的机会，因此，需要对细分市场的价值和可行性进行测试。细分市场的价值包括现在的市场规模和未来的市场规模（市场发展潜力）。细分市场的可行性是对公司的财务、人力、技术等方面进行评估，考查公司是否有实力和能力对该细分市场进行业务拓展。

2.2 战略定位分析

在产品规划过程中，我们希望掌握公司的产品、销售区域和渠道等在市场上的整体表现，对其进行市场定位。这里，我们将介绍一个非常重要的规划方法——战略定位分析。

2.2.1 战略定位分析概述

战略定位分析（SPAN），是从细分项目的市场吸引力和竞争地位两个维度进行分析，将结果体现在 SPAN 图中。如图 2-3 所示，横坐标表示竞争地位，纵坐标表示市场吸引力，气泡大小表示机会的大小。战略定位分析不仅可以展现目前细分项目在市场上的状况，还能帮助规划人员预测该细分项目的未来走向。

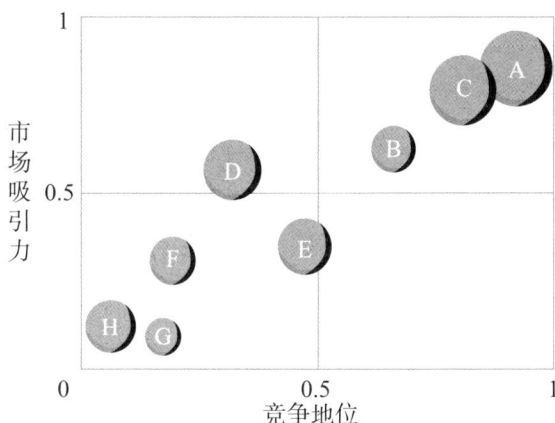

图 2-3　SPAN 图

1. SPAN 的衡量 / 比较对象

（1）公司产品的各细分市场。

（2）公司产品的各销售地区 / 区域。

（3）公司产品线。

（4）公司产品。

（5）公司销售渠道。

2. SPAN 的目的

（1）确定公司细分项目的运行特征，分析项目结构的合理性。

（2）确定公司要进入或关注的细分市场，为项目投资提供参考。

（3）为公司项目营销提供依据。

3. SPAN 的方法流程

第一步：明确各细分项目及竞争对比项目，即比较公司产品、销售区域、销售渠道，以及公司产品与其竞争对手的差异。

第二步：对所要分析的细分项目通过市场吸引力和竞争地位两个指标进

行评价，逐层分解出各评价指标的重要影响因素并确定相应权重。

第三步：确定市场吸引力、竞争地位及其重要影响因素的评分标准。

第四步：参照评价标准，对细分项目和对比项目的市场吸引力、竞争地位及其重要影响因素分别进行打分，并统计出各项分数。

第五步：根据统计的数据在SPAN图上绘制气泡图。如图2-4所示。

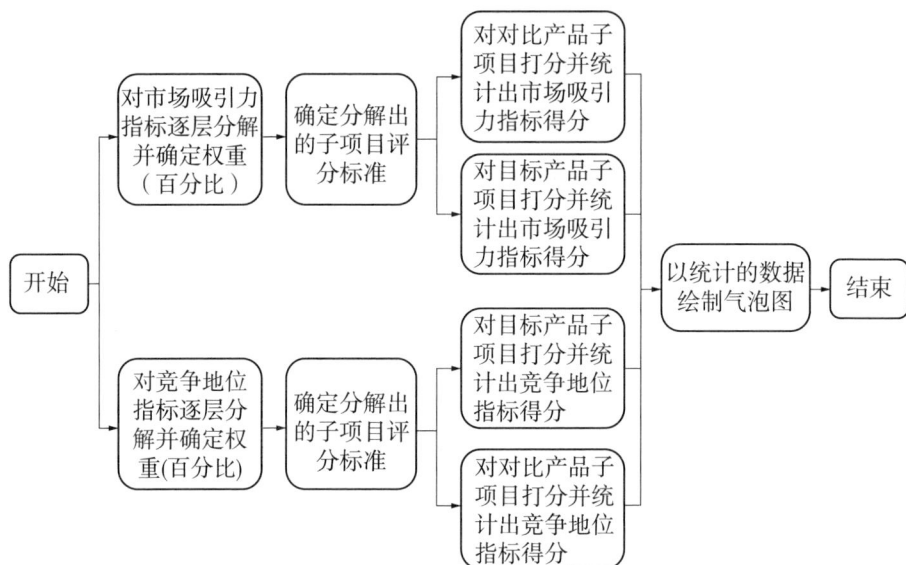

图2-4 SPAN流程

2.2.2 市场吸引力的评估

市场吸引力（MA），是指产品/服务引导人们购买和使用的力量。它是由市场规模、市场增长率、市场收益率、竞争强度等多种因素综合作用的结果，如表2-6所示。

表2-6 市场吸引力典型影响因素

评价指标	典型影响因素	概念
市场吸引力	市场规模	市场容量，指一个特定市场供应品的购买人数或销售数量

评价指标	典型影响因素	概念
市场吸引力	市场增长率	产品/服务的市场销售量或销售额在比较期内的增长率
	市场收益率	投资的回报率，净利润占使用的平均资本的百分比
	竞争程度	行业的竞争对手之间竞争的激烈程度
	战略价值	企业实施战略管理给企业和利益相关者创造的价值
	定价趋势	研究产品/服务价格和变更的方向和策略，以求得营销效果和收益的最佳
	行业投资风险	未来投资收益的不确定性，在投资中可能会遭受收益损失甚至本金损失的风险
	进入障碍	在完全垄断条件下，新的企业要想进入某一行业十分困难，存在许多进入障碍
	产品/服务差异化机会	产品/服务因为差异造成需求量变化的程度
	产品/服务需求变动性	产品/服务需求量在价格有一定程度下跌时的增加量以及在价格一定程度上涨时减少量的变动
	市场细分	营销者通过市场调研，依据消费者的需要和欲望、购买行为和购买习惯等方面的差异，把某一产品的市场整体划分为若干消费者群的市场分类过程
	市场分销渠道结构	产品/服务从生产者向消费者转移过程的具体通道或路径结构，由生产者、批发商和零售商所组成的统一联合体
	技术发展	涉及技术发展的内容、水平、速度、方式、利益等方面

1. 市场吸引力的评估要素

在 SPAN 中，细分项目的市场吸引力主要从选取市场规模、市场增长率、市场收益率 3 个维度来评估。

（1）市场规模，即市场容量，主要是研究目标产品或行业的整体规模，可以通过一定时期特定市场产品的购买人数反映，代表了细分项目的收入机会规模。刘易斯在《经济增长理论》一书中提出了影响一国市场规模因素的规范性分析，即"市场越大，专业化的可能性就越大。市场的规模取决于一家一户的自给程度、人口的多少、交通运输是否便宜与符合标准以及人为贸易壁垒的多少"，具体分析如表 2-7 所示。

表 2-7　市场规模影响因素的规范性分析

市场规模影响因素	市场规模影响因素分析
家庭自给程度	自给程度越高，越不利于市场规模的扩展，即社会化分工程度越低，越会阻滞市场规模的拓展与深化 妇女参与社会性劳动的比例越高，就越能增强社会分工
相对人口数量	拥有较多人口的地区，通过发挥人口红利，能够促进市场规模的扩大，但并不是人口越多越好，刘易斯认为"人口的多少是一种概念，它同空间和数量都有关系"，因而是相对的人口数量
交通费用和范围	是影响市场规模的一个重要因素，便利的交通可以增进商品流通与货物贸易
需求标准化程度	商品生产或贸易的规模化也是促进市场规模扩大的一个重要因素
人为的贸易壁垒（捐税、关税、限额和禁令等）	通过减少贸易壁垒，打破市场分割，增进商品自由流通，可以提升市场一体化程度，扩大市场规模

（2）市场增长率是指细分市场的产品/劳务的市场销售量或销售额在比较期内的增长比率。计算公式：

市场增长率 = ［比较期市场销售量（额）– 前期市场销售量（额）］÷ 前

期市场销售量（额）×100%

它是判断产品生命周期的基本指标，在不同的生命周期阶段市场增长率表现出不同的特点，如表 2-8 所示。

表 2-8 行业不同生命周期市场增长率分析

所处生命周期 阶段	不同生命周期市场增长率分析
起步期	市场增长率较高：产品设计尚未成熟，行业利润率较低，需求增长较快，技术变动较大，行业中的企业主要致力于开辟新用户、占领市场，但此时技术上有很大的不确定性，在产品、市场、服务等策略上有很大的余地，对行业特点、行业竞争状况、用户特点等方面的信息掌握不多，企业进入壁垒较低
成长期	市场增长率很高：需求高速增长，技术渐趋定型，行业特点、行业竞争状况及用户特点已比较明朗，企业进入壁垒提高，产品品种及竞争者数量增多
成熟期	市场增长率不高：需求增长率不高，技术上已经成熟，行业特点、行业竞争状况及用户特点非常清楚和稳定，买方市场形成，行业盈利能力下降，新产品和产品的新用途开发更为困难，行业进入壁垒很高
衰退期	市场增长率严重下降：行业生产能力会出现过剩现象，技术被模仿后出现的替代产品充斥市场，需求下降，产品品种及竞争者数量减少

（3）市场收益率是指在某特定市场投资的回报率，即净利润占使用平均资本的百分比。细分市场的市场收益率主要受竞争激烈程度的影响，借鉴波特的"五力"竞争模型，如图 2-5 所示。可从市场"五力"（同业竞争者威胁、替代产品威胁、新进入者威胁、供应商议价能力和购买商议价能力）对市场竞争程度的影响来分析竞争激烈程度对市场收益率的影响，如表 2-9 所示。

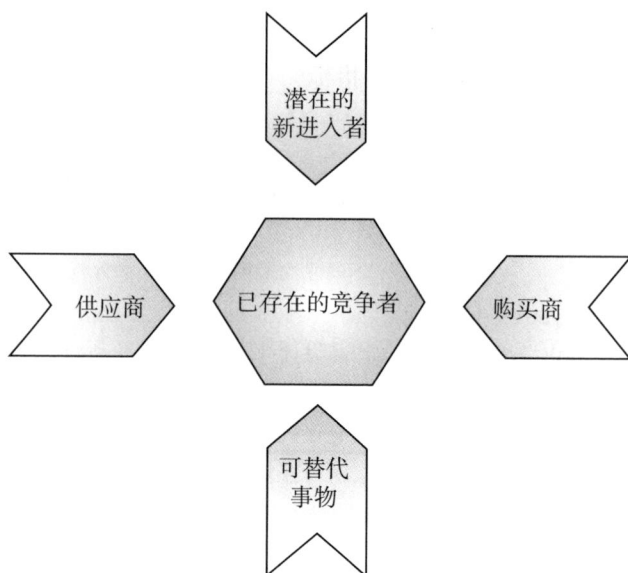

图 2-5 波特的 "五力" 竞争模型

表 2-9 "五力" 对利润潜力的影响

"五力" 内容	"五力" 对利润潜力影响分析
同业竞争者威胁	一般情况下，同业竞争者竞争程度与利润潜力成反比，竞争强度取决于以下因素： （1）竞争者数量，市场中竞争者越多，竞争强度越大 （2）行业增长率，行业增长缓慢，新进入者从其他竞争者那里争取市场份额，现有企业之间争夺既有市场份额，竞争将会变得激烈 （3）行业固定成本，行业固定成本越高，企业越会寻求降低单位产品固定成本或增加产量，导致在价格上相互竞争 （4）产品转换成本，产品缺乏差异性或具标准化，购买商轻易转换供应商，供应商间相互竞争 （5）不确定性，一个企业不能确定同行业另一企业如何经营，可能制定更具竞争力的战略 （6）战略重要性，企业战略目标获得成功对企业越重要，则会采取具有竞争力的行为达成目标 （7）退出壁垒，使现有供应商难以退出某行业的障碍会令同业的竞争激烈化
替代产品威胁	替代产品是指可由其他产业生产的产品或提供的服务，具有的功能大致与现有产品或服务功能相似，可满足消费者同样的需求，如方便面与挂面、白酒与啤酒，替代产品的存在会削弱利润潜力

续表

"五力"内容	"五力"对利润潜力影响分析
新进入者威胁	新进入者进入市场参与竞争获取利润,对现有的竞争者构成威胁,削弱现有企业产生理想财务回报率的能力,分割市场份额,激化竞争 新进入者的威胁力度和数量很大程度取决于进入壁垒的难度 决定进入壁垒难度的因素: (1)规模经济(航空公司) (2)客户忠诚度(保险公司) (3)资本投入(金融公司) (4)转换成本 (5)对销售渠道的使用权 (6)政府政策 (7)现有产品与规模经济无关的成本优势
供应商议价能力	导致供应商议价能力较高,从而降低公司盈利性的因素: (1)没有替代品,没有其他供应商 (2)该产品或服务独一无二,且转换成本很高 (3)供应商所处行业由少数几家公司主导并面向大多数客户销售 (4)供应商的产品对企业的生产业务很重要 (5)企业采购量占供应商产量的比率很低 (6)供应商能直接销售产品并与企业抢占市场
购买商议价能力	导致购买商议价能力较高,从而降低公司盈利性的因素: (1)购买方从卖方购买的产品占卖方销售量很大比例 (2)购买商购买的产品对其经营不是很重要,且该产品缺少唯一性 (3)转换其他供应商购买的成本较低 (4)购买商购买的产品或服务占其成本的比例较高 (5)购买商购买的产品或服务容易被替代 (6)购买商的采购人员有高超的谈判技巧 (7)购买商有能力自行制造或提供供应商的产品或服务

2. 市场吸引力的评估方法

市场吸引力的4个评价要素为市场规模、市场增长率、利润潜力和市场收益率。可参照以下方法,对各细分市场的吸引力进行评分,计算各细分项目市场吸引力的强弱,为 SPAN 作准备。

第一步:明确各细分项目。这里对不同的细分项目市场吸引力分别进行计算，本书用细分项目代替公司细分市场、产品、销售区域和销售渠道，如表 2-10 所示，对细分项目 A 进行计算。

表 2-10　细分项目 A 吸引力计算方法

评分标准	优秀：5	良好：4	一般：3	差：2	不可接受：1
1.市场规模			3.利润潜力		
小项		得分	小项		得分
家庭自给程度			同业竞争者威胁		
相对人口数量			替代产品威胁		
交通费用和范围			新进入者威胁		
需求标准化程度			供应商议价能力		
人为的贸易壁垒			购买商议价能力		
初得分			初得分		
权重后得分			权重后得分		
2.市场增长率			4.战略价值		
初得分			初得分		
权重后得分			权重后得分		
最终得分					

第二步：确定评分标准。细分项目市场吸引力评分标准如表 2-11 所示，依据公司所处行业情况对其进行修改，制定符合本行业、产品的评分标准。

表 2-11　细分项目 A 吸引力评价标准

项目 A 吸引力评价指标		评分标准				
		5分	4分	3分	2分	1分
市场规模	家庭自给程度					
	相对人口数量					
	交通费用和范围					
	需求标准化程度					
	人为的贸易壁垒					

项目 A 吸引力评价指标		评分标准				
		5 分	4 分	3 分	2 分	1 分
市场增长率	市场增长率					
利润潜力	同业竞争者威胁					
	替代产品威胁					
	新进入者威胁					
	供应商议价能力					
	购买商议价能力					
战略价值	战略价值					

第三步：确定 4 个评价要素权重，即 a_1，a_2，a_3，a_4。每项指标会因行业、时间、区域的不同而有所差异，且 $a_1+a_2+a_3+a_4=100\%$（$i=1$，2，3，4）。

第四步：确定各评价要素的小项权重，即 a_{ij}（$i=1$，3；$j=1$，2，…，5）。

$$\sum_{j=1}^{5} a_{ij}=100\%$$

第五步：分别给各细分项目的各评价指标、小项按评分标准打分并取平均分，即 A_{ij}，并参照式（2-1）、式（2-2）、式（2-3）计算得分。其中，B_i 为各评价要素的实际得分，C_i 为各评价要素乘以权重后的相对得分，D 为细分项目 A 最终分数。

$$B_i=\sum_{j=1}^{5} a_{ij} \times A_{ij}=a_{i1} \times A_{i1}+a_{i2} \times A_{i2}+\cdots+a_{i5} \times A_{i5} \quad （2-1）$$

$$C_i=a_i \times B_i \quad （2-2）$$

$$D=\sum_{i=1}^{4} C_i=C_1+C_2+C_3+C_4 \quad （2-3）$$

$i=1$，2，3，4，代表不同的评价要素。

$1 \leqslant j \leqslant 5$，代表各评价要素的不同小项。

2.2.3　市场竞争地位评估

市场竞争地位是指企业在目标市场中所占据的位置，它是 SPAN 的重要维度之一，也是企业规划竞争战略的重要依据。公司在细分市场上的竞争地位主要来自市场份额、产品优势、品牌优势等多种因素产生的差别，依据差别可以确定企业细分市场的竞争优势和劣势，从而确定企业在市场中的竞争地位，常见的典型影响因素如表 2-12 所示。

表 2-12　竞争地位典型影响因素

评价指标	典型影响因素	概念
市场地位	市场份额 （MS）	一个企业的销售量（或销售额）在市场同类产品中所占的比重，表明企业的商品在市场上所处的地位
	市场份额的成长性 （MSG）	产品 / 服务的市场份额在比较期内的增长率
	产品优势 （PA）	产品的质量、性能、价格等一系列综合因素产生的效应
	品牌优势 （BA）	企业、产品、文化形态的综合反映和体现
	渠道优势 （CA）	商品流通路线的结构、范围及信息传递流通性、准确性等综合表现
	生产能力 （PC）	反映企业所拥有加工能力的一个技术参数，也可以反映企业的生产规模
	营销能力 （MC）	企业有效开展市场营销活动的能力
	融资能力 （BC）	企业可能融通资金的水平，是持续获取长期优质资本的能力，也是企业快速发展的关键因素
竞争地位	管理能力 （MC）	系统组织管理技能、领导能力等的总称，从根本上提高组织效率的能力
	技术研发能力 （TRADA）	利用从研究和实际经验中获得的知识或从外部引进技术，为生产新产品，建立新的工艺和系统而进行实质性地改进工作的能力

1. 关键成功因素法概述

对任何企业来说，成功的关键因素是那些能确保其竞争能力的有限领域 / 因素，是为了保证企业的发展壮大而必须良好运作的少数关键领域，这些领域创造出让企业满意的结果，确保了企业的竞争力。

在市场竞争地位评估中可以使用关键成功因素法（CSF），它根据行业、企业自身情况与目标，识别企业的关键成功因素与核心竞争力，从众多影响竞争地位的因素中选取对竞争地位具有重要影响的、可衡量的、有限的因素对竞争地位进行评估。

关键成功因素法是一种市场导向的战略控制方法，它更关心公司所处战略环境中与消费者偏好相关的不确定性。根据关键因素确定企业分配资源的优先级别，产生数据字典来为企业发掘新的机遇，使公司区别于其他竞争对手。因此，关键成功要素具有一些重要属性：

（1）战略决定关键成功要素；

（2）关键成功要素提供了战略实施成功与否的主要信息；

（3）关键成功要素决定着公司长期的竞争力；

（4）关键成功要素具有可衡量性；

（5）关键成功要素是有限的、少数的；

（6）管理控制过程是从识别关键成功要素开始的。

2. 关键成功因素法使用流程

第一步：明确需评估的公司细分项目，并考查公司细分项目和业界竞争力较强的同类细分项目，确定关键成功因素。

第二步：确定评分标准。可参考表2-13细分A项目市场竞争地位评分标准，依据自己所处行业情况对其进行修改，制定符合本行业、产品的评分标准。

表 2-13　细分项目 A 竞争地位评分标准

竞争地位评分指标	评分标准				
	5分	4分	3分	2分	1分
市场份额					
市场份额的成长性					
产品优势					
品牌优势					

竞争地位评分指标	评分标准				
	5分	4分	3分	2分	1分
渠道优势					
生产能力					
营销能力					
融资能力					
管理能力					
技术研发能力					
……					

第三步：确定关键成功要素权重，即 a_1，a_2，a_3，…，a_i，…，a_n。每项指标因行业、时间、区域的不同而不同，$\sum_{i=1}^{n} = a_1+a_2+a_3+\cdots+a_i+\cdots+a_n=100\%$（$i$=1，2，3，…，$n$；$n \leqslant 5$）。将 a_i 得分记录在表2-14中。

第四步：给各细分项目的各关键成功因素按评分标准打分，将 B_i 得分记录在表2-14中。参照式（2-4）、式（2-5）、式（2-6）计算得分，其中 B_i 为各关键成功要素的实际得分，M_A 为关键成功要素实际总得分，C_i 为各评价要素乘以权重后的相对得分，N_A 为关键成功要素相对总得分。

$$C_i=a_i \times B_i \tag{2-4}$$

$$M_A=\sum_{i=1}^{n} B_i=B_1+B_2+B_3+\cdots+B_i+\cdots+B_n \tag{2-5}$$

$$N_A=\sum_{i=1}^{n} C_i=C_1+C_2+C_3+\cdots+C_i+\cdots+C_n \tag{2-6}$$

i=1，2，3，…，n；$n \leqslant 5$，代表不同的评价要素。

表2-14 细分项目市场竞争地位计算方法

评分标准	优秀：5	良好：4		一般：3	差：2	不可接受：1
序号	关键成功因素	权重		评分		得分
1	市场份额	a_1		B_1		C_1
2	产品优势	a_2		B_2		C_2
3	品牌优势	a_3		B_3		C_3

评分标准	优秀：5	良好：4	一般：3	差：2	不可接受：1
序号	关键成功因素	权重	评分		得分
……					
i	生产能力	a_i	B_i		C_i
……					
合计		100%	M_A		N_A

2.2.4　SPAN 图分析

通过 SPAN 对细分项目的市场吸引力和竞争地位两个维度进行分析、评估、制图，最终可以在 SPAN 图中看到各个细分项目和竞争项目的战略位置。根据市场吸引力和竞争地位的大小将 SPAN 图分成四个区域，如图 2-6 所示。利用 SPAN 图可以清晰明了地掌握各细分项目的优势和劣势，方便公司采取相应的策略。

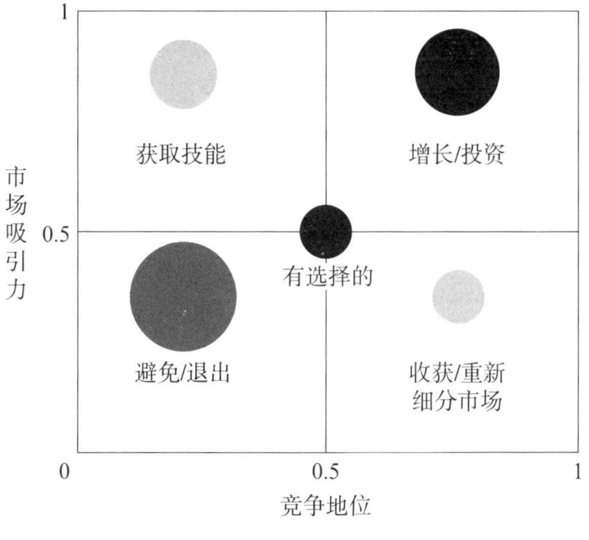

图 2-6　SPAN 图

这四个区域具有如下特点。

第一区域（增长 / 投资）：处在这一区域的细分项目具有很强的市场吸引

力和很高的竞争地位，它们是公司的主要利润来源，是公司发展的重要支撑项目。

其指导思想为扩大分销渠道、生产和投资，同时严格控制成本，以获取规模增长带来的收益。在研发方面，可以继续进行投资，并适当增加这些细分项目上的产品，以寻求产品的差异化，也可以加大这些细分项目在营销方面的工作力度，即价格、促销、销售活动等。充分利用公司在这个细分项目上的竞争地位，从有吸引力的市场中获得最大回报。

第二区域（获取技能）：处在这一区域的细分项目虽然有足够的吸引力，但是公司的竞争优势较弱。它们通常还未盈利或者盈利很低。

其指导思想是在这些细分项目上建立起更强的竞争地位之前，有选择地扩大其分销覆盖面。公司在这些细分项目上的主要行动是加大生产、研发和人力等方面的投资，以建立起竞争优势，同时在市场方面采取积极措施，包括定价和促销，以获得市场份额。

第三区域（避免/退出）：处在这一区域的细分项目不但没有吸引力，而且公司的竞争优势也较弱。它们几乎是没有利润，甚至是亏损的。

其指导思想为逐渐减少销售努力，大力削减这些细分项目上的固定和可变成本。也就是说，应当尽量减少或者停止产能、研发费用、营销活动和运营资本，将资源分配到其他细分项目中。公司主要是从这些细分项目中创造利润机会，市场份额可能是次要的。

第四区域（收获/重新细分市场）：处在这一区域的细分项目吸引力较弱，但是公司有很强的竞争优势。在大多数情况下，这些细分项目具有很高的利润。

其指导思想是维持其现有的分销模式。这些细分项目的重点是运作效率，包括充分发挥产能以及控制成本。在这些细分项目上应当限制营销活动，研发活动也应重点关注降低成本。这些活动的目的在于能使公司巩固其在细分项目上的竞争地位，并且防止竞争对手进入这些细分项目。

SPAN 图中间（有选择的）：对于处在 SPAN 图中央即"有选择的"细分项目，公司首先应有选择地挑选出细分项目，为它们选择部分细分市场，在技术、资金的投入方面也有选择地进行，不全面覆盖。同时，加大产品的差异化，使产品的优势更加明显。

公司对细分项目在 SPAN 图中不同位置，采取了不同行动策略，行动策略包括但是不局限于以下因素：分销、成本控制、生产、研发、市场份额、产品、定价、促销、人力、运营资本。其详细内容如表 2-15 所示。

表 2-15 针对不同细分市场的行动策略

细分项目位置					
项目	增长/投资	收获/重新细分市场	有选择的	获取技能	避免/退出
市场份额	保持、增强优势	保持市场地位	有选择地保证，细分市场	有选择地投资，获得份额	放弃份额，赚取利润
成本控制	控制，寻求规模经济	强调削减成本，尤其是可变成本	严格控制	严格控制，但不要影响企业家的风格	极力减少可变成本和固定成本
投资管理	增加投入	限制固定投资	有选择地投资	增加投入	机会主义投资或不投资
技术开发	扩大投资	重点放在一些项目上	有选择地投资	投资	无
产品开发	扩展差异化的产品线	砍掉不够成功的项目，在主要细分市场形成差异化的优势	强调产品质量，差异化	扩展差异化的产品线	大量削减
产品生产	扩大投资（有节奏地扩大产能）	产能利用最大化	提高生产力	投资	放开产能
价格	为获取份额采用具有攻击性的定价	稳定价格/适当提高	保持或提高	用具有攻击性的价额获得份额	提高
促销	大力营销	限制	有选择地保持	大力营销	最小化
分销	扩大分销渠道	保持目前渠道	细分市场	有限开发	减少渠道

细分项目位置					
人事管理	在主要功能领域优化管理	保持、奖励效率，严格控制组织	分派能力强的人员	投资	削减组织
流动资本	减少过程中的赊账	严格控制信贷，减少应收账款，提高库存周转率	减少	投资	大量缩减

2.3 产品竞争力

很多价格适中、品质优秀的产品投放市场后并没有获得预期收益，这就是产品缺乏竞争力的表现。当前，多数企业仍在做着没有价值的产品制造，如果不进行产品竞争力分析，仅指望通过降价或提升质量等传统方式提升产品竞争力，就很有可能在市场竞争中处于劣势地位。因此，进行产品竞争力分析，根据客户需求培养产品优势，已是每个企业获得持续发展的当务之急。

2.3.1 产品竞争力概述

产品竞争力是指产品符合市场要求的程度，这种要求具体体现在消费者对产品各种竞争力要素的考虑和要求上，具有以下几个特点：

（1）它汇聚了公司的核心知识和技能，是企业核心竞争力对消费者的最直接表现形式；

（2）它是同其他具有相似性能的产品进行角逐而体现出来的综合能力；

（3）它是一种相对指标，可计算相对强弱、大小；

（4）它是通过对产品要素现阶段状况进行分析得出的结果，对未来发展具有一定的影响力；

（5）它是动态的，会受到产品市场竞争力变化的影响。

产品最终是面向客户，被客户享用的，它的竞争力直接和重要的评价者是消费者。因此，在评估产品竞争力要素的时候，须满足消费者的欲望和需求，并从消费者的角度去分析产品竞争力影响要素，正确分析产品竞争力大小。本书将使用客户需求 $APPEALS 模型，从客户的角度来审视产品的竞争力。

2.3.2　客户需求 $APPEALS 模型

客户需求 $APPEALS 模型是基于客户价值的产品概念，从客户角度来检视细分项目的竞争性。它使用客户欲望和需求框架，通过评价自身产品与竞争对手产品之间的差距，分析公司在细分市场的竞争地位。$APPEALS 模型从价格、可获得性、包装、性能、易用性、保证、生命周期成本、社会接受程度 8 个要素进行分析，如表 2-16 和表 2-17 所示。

表 2-16　客户需求 $APPEALS 模型指标描述

指标	指标描述
$（价格）	表示消费者对于他们获得的合格产品或服务所愿意支付的价格 评价供应商时，考虑的是对于所付出的价格，产品实际的或消费者感知的价值，包括技术、低成本制造、原材料、劳动力成本、固定成本、经验、自动化、简单性、制造能力等
A（可获得性）	表示消费者购买体验更容易、更有效 评价供应商时，考虑整个购买过程消费者的满意程度，包括售前技术支持和示范、购买渠道或偏好的供应商、送货时间、消费者定制能力等
P（包装）	表示对设计质量、性能、外观的一种主观视觉属性 对软件产品而言，代表的是软件本身及其实现的功能这一总体集合；包装要从消费者的角度考虑形式、设计等，包括风格、模块化、整体性、质地、颜色、图形、工业设计等
P（性能）	表示消费者期望的产品性能和功能 评价供应商时，相对于消费者期望的产品性能和功能，还要考虑实际的和消费者感知的产品性能和功能
E（易用性）	表示产品或服务易于使用方面的属性 评价供应商时，考虑消费者的观点，如舒适、学习、文档、支持、人机工程、显示、感官输入 / 输出、界面、直观等

指标	指标描述
A（保证）	一般用于代表可靠、安全、品质 评价供应商时，考虑的是消费者对该产品在可预见的条件下是否能够实现预定功能的担心程度的评估，包括保证、证书、冗余设计、强度等属性
L（生命周期成本）	表示拥有着整个产品生命周期的使用成本 评价供应商时，要考虑以下成本：安装、培训、服务、供应、能耗、折让及报废处理等
S（社会接受程度）	表示影响购买决策的其他因素 评价供应商时，从以下方面来推动消费者的购买决策：语言、第三方专家的观点和意见、咨询顾问的观点和意见、形象、行业标准、规章制度、社会提案、法律关系、产品可靠性等

表 2-17　客户需求 $APPEALS 模型指标影响因素

$（价格）	A（可获得性）	P（包装）	P（性能）
● 设计	● 行销	● 外形	● 功能
● 可生产性	● 销售	● 尺寸、数量	● 吸引力
● 技术	● 渠道	● 几何设计	● 规格
● 材料	● 分销	● 模块化	● 功率
● 生产	● 交货期	● 架构	● 速度
● 供应商	● 广告	● 表面	● 容量
● 制造	● 配置	● 结构	● 灵活性
● 部件	● 选件	● 标识	● 多功能
● 人力成本	● 定价	● 图形	● 尺寸
● 管理费用	● 客户定制	● 内部、外部	
● 装备			
E（易用性）	**A（保证）**	**L（生命周期成本）**	**S（社会接受程度）**
● 用户友好	● 可靠性	● 寿命	● 间接影响
● 操纵控制	● 质量	● 正常运行／停工时间	● 顾问
● 显示	● 安全性	● 保险	● 采购代理商
● 人机工程	● 误差幅度	● 责任	● 标准组织
	● 完整性		● 政府

E（易用性）	A（保证）	L（生命周期成本）	S（社会接受程度）
● 培训	● 强度	● 可维护性	● 社会认可程度
● 文档	● 灵活性	● 服务	● 法律事宜
● 帮助系统	● 动力	● 备件	● 政治
● 人性化因素	● 负荷量	● 迁移路径	● 股东
● 接口	● 冗余	● 标准化	● 管理层
● 操作		● 基础设施	● 工人、工作场所
		● 运转成本	

2.3.3　客户需求 $APPEALS 模型使用方法

使用客户需求 $APPEALS 模型，可参照如下流程，如图 2-7 所示，对产品竞争力进行评价。

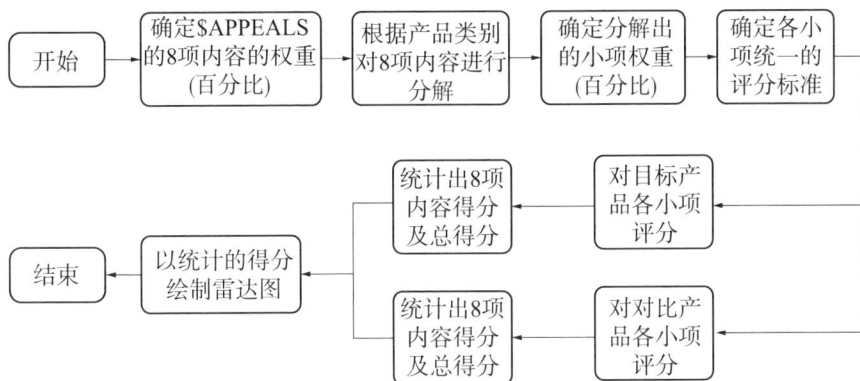

图 2-7　客户需求 $APPEALS 模型流程

第一步：确定 $APPEALS 的 8 项指标的权重，即 a_1，a_2，a_3，$\cdots$，a_i，$\cdots$，a_8，且 $\sum_{i=1}^{8} = a_1 + a_2 + a_3 + \cdots + a_i + \cdots + a_8 = 100\%$（$i = 1$，2，3，$\cdots$，$a_i$，$\cdots$，8）。每项指标会因行业、时间、区域的不同而不同。

第二步：根据产品类别，对 8 项指标进行分解细化，如表 2-18 所示，可参考其中各指标的影响因素。

第三步：确定分解出的小项权重。对第二步中分解细化的小项分别配以权重，即 a_{ij}（$i = 1$，2，$\cdots$，8；$j = 1$，2，3，$\cdots$，n），且 $\sum_{j=1}^{n} a_{ij} = 100\%$，$n$ 为小

项影响因素的数量。

第四步：确定各小项评分标准。例如，如表 2-18 所示，令优秀 =5 分，良好 =4 分，一般 =3 分，差 =2 分，不可接受 =1 分。

表 2-18　客户需求 \$APPEALS 模型计算表

\$APPEALS 数据计算（目标 / 竞争细分市场）								
评分标准	优秀：5		良好：4		一般：3		差：2	不可接受：1
\$（价格）			A（可获得性）			P（包装）		
小项	a_1	得分	小项	a_2	得分	小项	a_3	得分
技术	a_{11}	A_{11}	渠道	a_{21}		外形	a_{31}	
材料	a_{12}	A_{12}	交货期	a_{22}		几何设计	a_{32}	
人力成本	a_{13}	A_{13}	广告	a_{23}		模块化	a_{33}	
			客户定制	a_{24}		结构	a_{34}	
初得分	100%	B_1		100%	B_2		100%	B_3
权重后得分		C_1			C_2			C_3
P（性能）			E（易用性）			A（保证）		
小项	a_4	得分	小项	a_5	得分	小项	a_6	得分
初得分	100%	B_4		100%	B_5		100%	B_6
权重后得分		C_4			C_5			C_6
L（生命周期成本）			S（社会接受程度）					
小项	a_7	得分	小项	a_8	得分			
初得分	100%	B_7		100%	B_8			
权重后得分		C_7			C_8			

第五步：对目标产品和竞争产品从各小项进行评分并统计出 8 项指标得分及总得分。可参照式（2-7）、式（2-8）、式（2-9），其中 B_i 为各小项的实际得分，C_i 为乘以权重后的相对得分，D 为目标或竞争产品的竞争力分数。

$$B_i=\sum_{i=1}^{n} a_{ij} \times A_{ij}=a_{i1} \times A_{i1}+a_{i2} \times A_{i2}+\cdots+a_{ij} \times A_{ij}+\cdots+a_{in} \times A_{in} \quad （2-7）$$

$$C_i=a_i \times B_i \quad （2-8）$$

$$D=\sum_{i=1}^{8} C_i=C_1+C_2+\cdots+C_i+\cdots+C_n \quad （2-9）$$

第六步：根据统计的得分绘制雷达图，如图 2-8 所示。

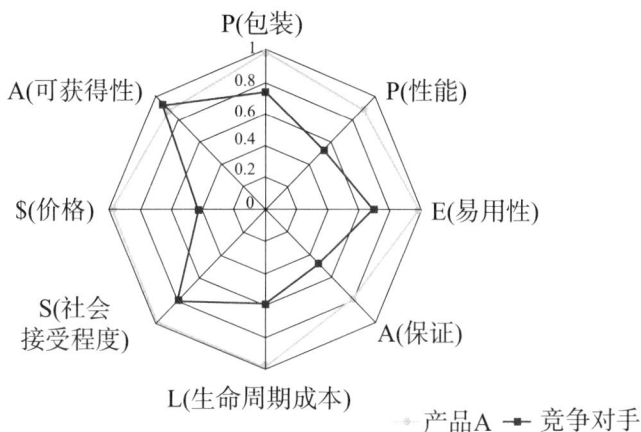

图 2-8　客户需求雷达图

2.4　产品排序

在资源（时间、财务、人力等）有限的情况下，公司如何在众多产品中选择具有高市场吸引力、竞争地位的产品？有没有一个标准、一致的方法来帮助公司进行产品投资优先级决策呢？产品排序可以给予我们很大的帮助。

2.4.1　产品排序概述

产品排序是指将公司各产品从影响产品发展的不同维度按照评分标准进行评分，对最终得分结果按分数高低进行排序，使产品的性能以分数的形式表现出来，产品排序结果是产品性能的综合表现。产品排序具有以下作用：

（1）可按产品的优先级顺序筛选投资对象，对产品性能综合表现较弱的可以直接剔除，不予考虑；

（2）比较不同产品线的产品实力，确定产品线的强弱，进而合理平衡产品线的发展；

（3）合理配置产品线内结构，形成良好的产品梯度，支持公司长期、可持续地快速发展。

由于产品排序是对产品综合性能的评估，因此从产品排序结果中，不能直接区分产品的优点和缺点，不方便公司根据分数大小直接制定针对性的营销策略。

2.4.2　产品排序方法

本节将介绍组合决策标准（PDC），作为公司评估产品投资优先级的参考标准。它从产品的 3 个维度（市场吸引力、竞争地位和财务能力）来评估。

1. 市场吸引力

产品 / 服务具有引导人们沿着一定方向前进的力量，刺激消费者进行商业活动，它是由市场规模、市场增长率、市场收益率、竞争强度等多种因素综合作用的结果。市场吸引力典型影响因素如表 2-6 所示。

2. 竞争地位

企业在目标市场中占据的位置是企业规划竞争战略的重要依据。它是由市场份额、市场份额的成长性、产品优势等多种因素综合影响作用的结果。竞争地位典型影响因素如表 2-12 所示。

3. 财务能力

企业对财务可控资源的控制力是指企业所拥有的财务资源和所积累的财务能力的有机组合体，是企业综合实力的反映和企业活力的价值体现。它有 4 个重要的影响因素。

（1）盈利能力：反映企业获取利润的能力。

（2）偿债能力：反映企业偿还到期债务的能力。

（3）营运能力：反映企业利用资金的效率。

（4）发展能力：反映企业发展速度的能力。

每个因素对财务能力的影响和作用都可以从不同角度，利用不同指标进行分析或者加权量化，详细计算方法如表 2-19 所示。对于公司的产品战略规划，我们主要从开发费用、发展能力（营业收入增长率）、营运能力（现金流贡献率）3个维度去分析，如表2-20所示。

表2-19 财务能力典型影响因素

评价指标	影响因素	分析指标	计算方法
财务能力	盈利能力	主营业务利润率	（主营业务利润 ÷ 主营业务收入）×100%
		成本费用利润率	（利润总额 ÷ 企业成本费用总额）×100%
		总资产报酬率	［（利润总额 + 利息支出）÷ 平均资产总额］×100%
		净资产收益率	（净利润 ÷ 平均净资产）×100%
		社会贡献率	（社会贡献总额 ÷ 平均资产总额）×100%
		社会积累率	（上缴国家财政总额 ÷ 企业社会贡献总额）×100%
	偿债能力	短期偿债能力	（1）流动比率 = 流动资产 ÷ 流动负债 （2）速动比率 =（流动资产 – 存货 – 其他流动资产）÷ 流动负债 （3）现金流动负债比率 = 经营现金净流量 ÷ 流动负债
		长期偿债能力	（1）资产负债率（负债比率）= 负债总额 ÷ 资产总额 （2）产权比率 = 负债总额 ÷ 所有者权益 （3）已获利息倍数 = 息税前利润 ÷ 利息费用 （4）长期资产适合率 =（所有者权益 + 长期负债）÷ 非流动资产
	营运能力	流动资产周转情况	1. 应收账款 （1）应收账款周转率 = 营业收入净额 ÷ 平均应收账款 （2）应收账款周转天数（平均应收账款回收期）= 360 ÷ 应收账款周转率 =（平均应收账款 ×360）÷ 营业收入净额 2. 存货 （1）存货周转率（次）= 营业成本 ÷ 平均存货 （2）存货周转天数 =360 ÷ 存货周转率 3. 流动资产 （1）流动资产周转率 = 营业收入净额 ÷ 平均流动资产 （2）流动资产周转天数 =360 ÷ 流动资产周转率 =（平均流动资产 ×360）÷ 营业收入净额

评价指标	影响因素	分析指标	计算方法
财务能力	营运能力	固定资产周转情况	固定资产周转率（次）＝营业收入净额÷平均固定资产
		总资产周转情况	总资产周转率（次）＝营业收入净额÷平均固定资产
	发展能力	营业收入增长率	（本年营业收入增长额÷上年营业收入总额）×100%
		总资产增长率	（本期总资产增长额÷年初资产总额）×100%
		固定资产成新率	（平均固定资产净值÷平均固定资产原值）×100%

表 2-20　组合决策标准

评价指标	评价因素	权重	产品名称		
市场吸引力	市场规模	a_1			
	竞争程度	a_2			
	市场增长率	a_3			
	市场收益率	a_4			
	战略价值	a_5			
竞争地位	市场份额	a_6			
	产品优势	a_7			
	品牌优势	a_8			
	渠道优势	a_9			
财务能力	开发费用	a_{10}			
	营业收入增长率	a_{11}			
	现金流贡献率	a_{12}			
最终得分		100%			
排序					

市场吸引力、竞争地位和财务能力这 3 个维度结合企业产品战略实际情况，选出 12 个要素作为组合决策标准的评价因素，根据行业、企业实际情况确定各要素权重（各权重相加之和为 100%），再对每个评价指标的每个影响

因素按照评分标准，如表 2-21 所示，进行评分，最后计算出每个项目的总分，按照分数高低进行产品排序，得分高的项目排序靠前。

表 2-21　组合决策打分标准

因素	打分标准			
	10 分	7 分	4 分	1 分
市场规模	$>a$ 亿	$b\sim a$ 亿	$c\sim b$ 亿	$<c$ 亿
竞争程度	相差悬殊，份额相差 $>40\%$	相差较明显，份额相差 $20\%\sim40\%$	相差不明显，份额相差 $10\%\sim20\%$	实力接近，份额相差 $<10\%$
市场增长率	$>30\%$	$>20\%$	$>10\%$	$<10\%$
市场收益率	$>60\%$	$40\%\sim60\%$	$30\%\sim40\%$	$<30\%$
战略价值	与公司核心竞争力直接相关的产品	与公司核心竞争力相关的产品	与公司核心竞争力间接相关的产品	与核心竞争力无关的产品
市场份额	$>80\%$	$50\%\sim80\%$	$30\%\sim50\%$	$<30\%$
产品优势	明显优于同类产品	有局部优势	低于同类	质量差
品牌优势	品牌能够直接产生购买	品牌能够促进购买	品牌影响力弱	几乎无品牌影响力
渠道优势	渠道的实力优秀，且受控制	渠道实力较好且能够控制	渠道实力一般或无法控制	渠道实力一般且难以控制
开发费用	投入销售额 $>10\%$	投入销售额 $5\%\sim10\%$	投入销售额 $3\%\sim5\%$	投入销售额 $<3\%$
营业收入增长率	$>20\%$	$10\%\sim20\%$	$5\%\sim10\%$	$<5\%$
现金流贡献率	主要现金流的来源	非主要现金流来源	盈亏平衡	亏损

注：（1）市场规模要素中，a、b、c 为市场空间容量，且 $a>b>c$

（2）竞争程度、市场成长性、市场收益率、市场份额、开发费用和销售收入增长率中的各百分比范围可以根据行业、公司的情况适当调整

　　组合决策标准提供了一种标准，来确定具有不同潜力的产品的开发投资优先级。同时，在公司范围内，根据公司战略、业务目标，确定哪些产品需要加大投入，哪些产品应该放弃，使公司能够更好地执行其战略决策。最后

根据各产品不同的开发投资优先级，合理规划公司的人力、物力和财力，使公司的资源得到最优化利用。

2.4.3 产品排序步骤

产品规划人员在使用 PDC 时，可以参照以下步骤，如图 2-9 所示，对公司、产品线、区域产品进行排序，为决策作准备。

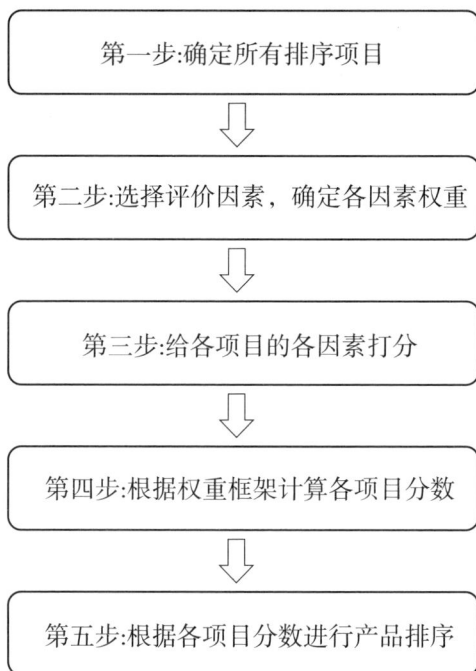

```
第一步:确定所有排序项目
        ⬇
第二步:选择评价因素，确定各因素权重
        ⬇
第三步:给各项目的各因素打分
        ⬇
第四步:根据权重框架计算各项目分数
        ⬇
第五步:根据各项目分数进行产品排序
```

图 2-9　产品排序流程

第一步：确定所有排序项目。首先确定是公司所有产品、某产品线所有产品还是某区域所有产品，然后确定是将所选类别中所有产品进行排序，还是选择部分，即有代表性的、新产品、老产品等。

第二步：选择评价因素，确定各因素权重。在表 2-21 给出的 12 个要素中，可以根据行业、公司的实际情况，有条件地选择部分参考因素进行评估，也可以使用全部因素；对确定的各因素，按照其重要性给予权重。可以先确定 3 大评价指标（产品吸引力、竞争地位、财务能力）的权重，再对每个指标的各因素进行权重分配。

第三步：给各产品项目的各因素打分。参照提前确定的打分标准逐项对各项目的各因素进行评估，评估过程可以几个人共同商定分数，也可以将打分表发给打分人分别打分，最后计算平均分数。打分人应该由公司高层主管、产品经理、财务部门等不同职能部门的人共同参与。

第四步：根据权重框架计算各项目分数。当所有项目各因素评分完毕，按照式（2-10）将各评价因素分数和相应权重相乘，计算各产品项目的总分。其中，$1 \leqslant X_{ij} \leqslant 10$；$a_1+a_2+a_3+\cdots+a_{12}=100\%$；$i=1$，$2$，$3$，$\cdots$，代表不同的产品；$1 \leqslant j \leqslant 12$，代表产品的不同评价因素。

$$Q_i=\sum_{i=1}^{12} X_{ij} \times a_j=X_{i1} \times a_1+X_{i2} \times a_2+\cdots+X_{ij} \times a_j+\cdots+X_{i12} \times a_{12} \qquad （2-10）$$

第五步：根据第四步的分数结果，按照分数由高到低的顺序进行排序。

2.5　"721" 原则

在产品发展的过程中，相对于公司的需求而言，公司的资源总是表现出相对的稀缺性，从而要求公司对有限的、相对稀缺的资源进行合理配置，以便用最少的资源耗费，生产出最适用的产品，获取最佳的效益。资源配置合理与否，对一个企业发展成败有着极其重要的影响。下面我们将介绍 "721" 原则，帮助企业进行资源配置。

2.5.1　"721" 原则

"721" 原则参考通用电气公司前首席执行官（CEO）杰克·韦尔奇提出的 "活力曲线" 的内涵，如图 2-10 所示，将员工的业绩分成 A、B、C 3 类，分别占员工总数的 70%、20% 和 10%［业绩排在前面的 20% 的员工（A 类）、中间的 70% 的员工（B 类）和业绩排在后面的 10% 的员工（C 类）］，对这 3 类业绩的员工公司会采取不同的管理方式。

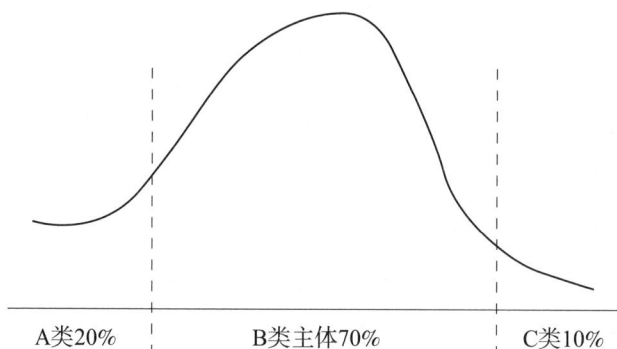

A类20%　　　　　　B类主体70%　　　　C类10%

图 2-10　活力曲线图

"721"原则将这种分类方式稍加调整应用到公司有限资源的配置问题上，即当公司发展到一定阶段，面对公司的主力产品、辅助业务和新业务，以及公司的各销售区域、众多产品线，该如何分配公司的有限资源的问题。这里，首先将所要被分配的项目分成如下 3 大类。

1. 聚焦项目

公司目前的重要项目（产品线／产品／区域／渠道）。这些项目是公司现金流、利润、市场份额以及品牌的主要承担者。

2. 重点突破

市场潜力大，销售额可以迅速增长，能通过重点投入在未来 1～2 年重点推广的，有望成为"明星类"的项目（产品线／产品／区域／渠道）。

3. 尝试布局

市场潜力大，竞争不激烈，至少在一年内不会产生利润的项目，但未来发展潜力巨大，对公司以后有重要影响的，公司为长远发展而进行尝试性布局的产品，对这类产品，一般会在每年的产品战略规划时重新审视。

面对公司的这 3 类业务，"721"原则建议的资源配置比例为 70% 的资源投入到聚焦项目，20% 的资源投入到突破项目，10% 的资源投入到布局项目。如图 2-11 所示。

"721"原则可分别适用于公司产品线的资源配置、公司产品的资源配置、地区／区域的资源配置、渠道的资源配置等。

"721"原则强调的是分清业务在某一时间段对公司贡献的重要度，对业务进行差异化分配资源。有一句俗话"捡了芝麻，丢了西瓜"，说的就是不会应用"721"原则的人。在公司发展的道路上，要将主要精力关注具有重要影响的事物上，通过合理分配公司资源到"聚焦项目"——总数中的少数部分，那么公司将会得到较好的结果。这个"聚焦项目"就是"西瓜"，可以保证公司健康、正常发展。再突破具有潜力的事物和布局新兴事物，公司就可紧跟时代的步伐持续发展。当然，忽视"2（重点突破）"和"1（尝试布局）"也是危险的，它们是公司持续长远发展的火花塞，使公司业务形成梯队发展，构建良好的发展结构。

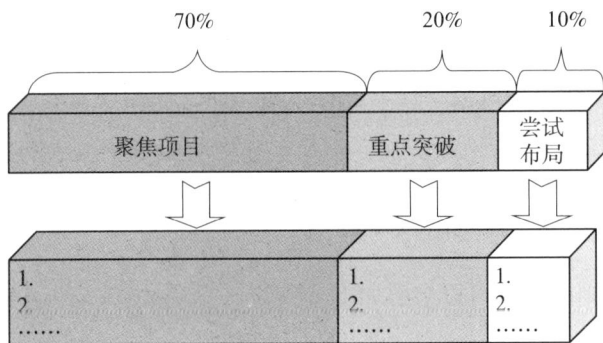

图 2-11　资源配置的"721"原则

注：（1）"721"原则中的"7"不是绝对数量的 70%
　　（2）这里的资源不单指金钱，而是公司人力、物力、财力等的总称

2.5.2　"721"原则的作用

"721"原则对公司资源的合理配置和营销管理等方面具有重要作用，具体体现在如下几个方面。

（1）明确各项目的重要级别，制定适合的战略角色和结构，即通过定性或定量的方法，对所需项目进行评估、分类，为不同类别的产品角色定位提供了依据，方便项目角色制定和结构安排。

（2）有助于公司各项资源的合理配置，提升公司管理水平。对待不同重要级别的项目，公司需采取差异化的管理策略，要因地制宜和对症下药，使资源安排更有目标性、计划性和针对性。

（3）有助于采取匹配的营销策略，提高公司盈利能力。对待重要级项目，重点聚焦和大力投入，为项目盈利能力增加足够的动力，深入挖掘该项目的盈利能力。同时，着眼全局，兼顾潜力大的产品和新产品，为公司的未来发展打下坚实的基础。

（4）有助于快速找到项目规划的失误之处，及时纠正项目发展方向和策略。利用定性和定量的方法，从不同评价角度和权重全面分析、计算项目重要性，分析结果更加精确和标准，可从分析结果出发看是否与公司战略方向相一致，从产品排序表中可方便、快速、准确查阅项目的优势指标和劣势指标，看策略是否对症下药。

（5）有助于新产品开发与定位。可从"2（重点突破）"和"1（尝试布局）"着手，发现市场机会，提早进行市场调研、产品研发、生产和布局，提高公司竞争力。

2.5.3 "721"原则的使用方法

"721"原则的使用可以参照如下步骤。

1. 收集数据

按分析对象和分析内容，收集有关数据。例如，若分析公司的产品，则应收集各区域产品销售量、销售额、利润增长率等区域性数据。数据可以由各区域办事处提供，也可以参照政府或权威杂志发布的数据。

2. 处理数据

对收集来的数据资料进行整理，可以利用产品排序方法对产品进行排序，也可以利用 SPAN 对产品、产品线、销售区域和渠道进行定位。

3. 根据"721"原则确定分类

可以简单地根据产品排序表中的结果，当分数 $> M$，给予"7（聚焦）"定位；当 $N <$ 分数 $< M$，给予"2（重点突破）"定位；当分数 $< N$，给予"1（尝试布局）"定位。

或者结合产品排序结果和 SPAN 结果，对公司目前现金流、利润、市场份额以及品牌的主要承担者给予"7（聚焦）"定位；对市场潜力大、销售额可以迅速增长，能通过重点投入在未来 1～2 年重点推广的、有望成为"明星类"的项目（产品线 / 产品 / 区域 / 渠道）给予"2（重点突破）"定位；对于市场潜力大，竞争不激烈，至少在一年内不会产生利润，但未来发展潜力巨大，对公司以后有重要影响的项目给予"1（尝试布局）"定位。

第 3 章
产业体系构建

3.1 产业树

产业成长模型分为 3 部分，如图 3-1 所示。

如果把产业成长逻辑结构比喻成一棵大树，那么我们可以通过产业树来进一步了解产业发展的产品平台、产品线、产品系列和产品规格的构成及所处的位置。

产业树的树根是产业成长模型的要素供给侧，是产业发展的内在推动力。基础技术的最基础部分，可以划分为公共技术平台和专用技术平台，是产业成长的基础，直接影响产业发展层次，一般是指以高校或研究机构为基础的研究成果。产业成长模型的技术要素一般包括应用技术平台和新材料，形成产业发展的基础，一般是指由产业研究院或本产业上游产业的产品。

产业树地上部分的树干，就是产业成长结构，包括产品平台、产品线、产品系列和产品规格 4 个层次。从下往上看产业树的树干，产业树的各级枝杈就相当于产品平台、产品线、产品系列和产品规格。

产业树的第一个层级，是系列产品所共用的基本组件及基本技术的集合体，为产品提供通用基础能力。产品平台为多产品线配套，在多产品线之间共享。例如当客户定制新型号产品 A 时，通过组装当前公司技术货架上的技术来快速搭建满足客户高度定制化产品的需求，充分借用技术积累，减少重复设计，在满足客户定制化产品需求的同时，减少开发浪费，提高效率，降低成本。

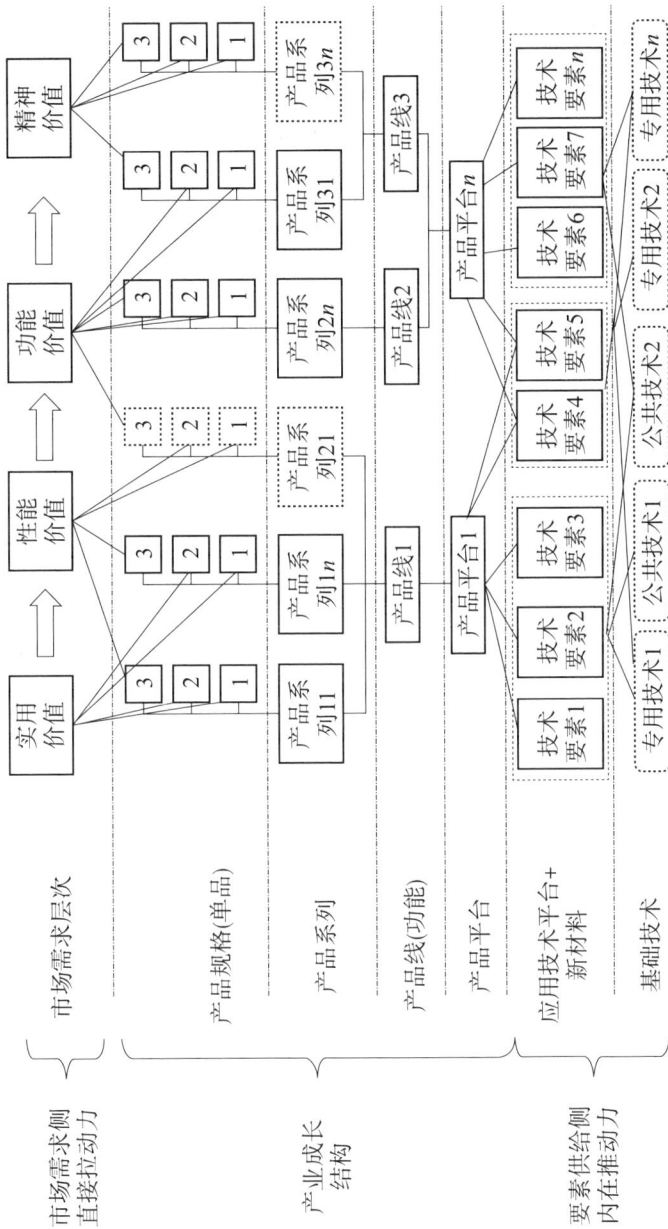

图 3-1　产业成长模型

产业树的第二层级，是指每个大的产品树枝代表一条产品线，一般代表一类产品的功能，相当于我们平常说的品类。

产业树的第三层，是指再往上面的中树枝，即产品系列，提供给客户的具体产品（或子版本产品）。

产业树的第四层，是指产业成长模型中的产品规格，包括基础版本、主推版本和提升版本的产品。

从产业成长模型自上往下看，多个小树枝是由一根大树枝延伸出来的。大树枝是一个产品系列的基本型产品，又称平台产品（或称主版本产品）。再往下是产业树的树干，也就是产品平台。一般而言，一条产品线由一个产品平台支撑，而一个产品平台可以支撑一条以上的多条产品线。

产业树的顶上部分是市场需求层次。市场需求层次和消费能力是产业成长的拉动力。市场需求层次引导产业成长，市场的功能需求分类和规模决定产业分化进展以及产业成长的成熟度，也就是产业的产品系列结构完整度。根据市场的需求层次的进化，产业产品的发展是从低端向高端不断分化发展的。

3.2 产品体系搭建

一个好的产品体系可以有效地提高企业的竞争力，促进企业的发展。

产品体系设计可帮助企业根据市场需求和自身实际情况，将不同类型的产品线进行分类和组合，形成有机的整体。

产品体系设计的目的在于提高企业的销售业绩和市场占有率，同时满足消费者的不同需求和价值诉求。

3.2.1 产品体系结构

产品体系是指一个企业或组织的产品线、产品系列和产品规格，按照不同的功能角色分类，其呈现形式不同的产品组合，促使产品形成一个集团军协同系统。如图 3-2 所示，表示的是一个企业的产品角色定位的矩阵关系。它包括所有相关的产品、服务和相关组件，以满足不同市场和客户需求。产品体系还涉及产品的层次、分类、规划以及产品间的关联关系等。产品体系还可以帮助企业实现产品系列化和差异化。

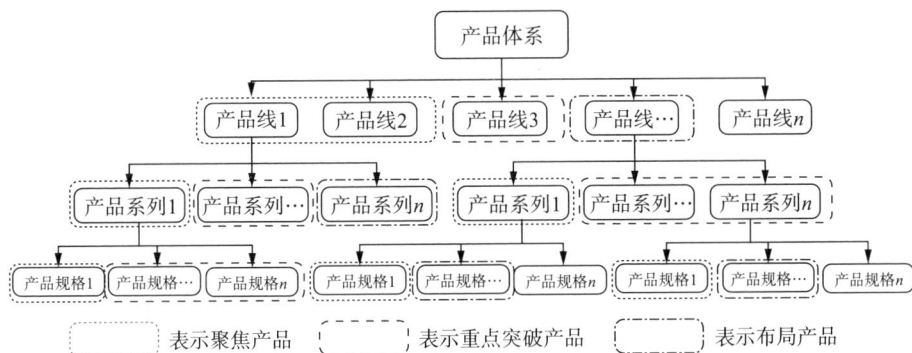

图 3-2 产品角色矩阵体系框架

一个企业的产品体系不是固定不变的，而是随着企业发展阶段的变化而变化的。为了凸显不同的目标和作用，其产品矩阵的呈现形式不同。划分标准不同，其表现形式也差别较大。有些企业的产品线是按照不同的产品功能划分的，例如奔驰汽车按照功能不同划分为货车、客车、轿车、越野车、SUV 等产品线，而某电源企业是按照技术性质分为低压产品线、中压产品线、高压产品线、伺服产品线等。

一个企业的产品体系结构一般都可按照技术实现路线分为产品线、产品系列和产品规格等层次。一个企业的发展需要不断转型升级，其产品体系也要适时进行优化完善。

3.2.2　产品线的相关性

产品线的相关性是指产品线之间的关联程度。不同产品线上的产品，其最终用途、生产要素、技术要求、销售渠道等越接近，相关性就越紧密。反之，相关性就疏远。一般情况下，企业的多条产品线往往都具有比较紧密的相关性。

产品线从广度、深度、相关性而言都具备多样化的选择，我们不能武断地说哪一种选择更有利。所以，企业应当立足于自身的实际发展，系统地考虑市场的需求、竞争态势等因素，合理地选择适当的产品线类型。下面列举部分常见的产品组合类型。

1. 全线全面型

全线全面型的产品组合其广度和深度都较大，企业拥有多条产品线，每条产品线上又有多个产品系列，并且产品线之间的关联度不做硬性要求。这样的产品组合能达到全面的市场覆盖，满足目标市场的多种需求。但是，这种组合只有规模庞大、实力较为雄厚的企业才有能力采用。

2. 市场专业型

采用市场专业型的企业有特定的目标市场，其生产经营是为了满足该目标市场的各种需要。这里要强调的是目标市场的多方面的需要，所以市场专业型组合下，产品线的相关性较小，但是产品线的广度和深度较大。

3. 产品系列专业型

产品系列专业型也就是所谓的产品系列专攻，企业只拥有少量产品线，且产品线之间的相关性较强，每条产品线上的产品系列也比较有限。该类型意在满足不同消费者对类似产品的差异化需求。

4. 产品系列集中型

产品系列集中型是指企业集中在某一条产品线上，在该产品线上满足市场不同的需求。这种产品线广度最小，有一定的宽度，有利于企业集中目标市场，提高市场占有率。

5. 特殊产品专业型

特殊产品专业型是指企业凭借自己的特有技术和生产条件，有针对性地生产满足特殊需求的产品。该组合广度、深度、相关性均较小。

6. 单一产品型

单一产品型是指企业只生产单一或极为有限的产品系列。该策略具有产品线单一、批量生产较为容易、成本较低的特点。同时，在产品技术和质量上易于把控和改进，有利于产品的质量提升和品质优化。不过，单一产品型组合使得企业只能依赖单一产品的生产经营，相对而言市场风险较大。

3.3　产品线划分

企业为了避免单一经营的风险，更多地占领市场和开拓新市场获得高利润，部分采取了产品多元化的发展方式，因此越来越多的企业开始关注、采纳、应用产品线（PL）管理模式，并取得了不错的效果。相对于事业部管理模式，产品线管理模式能更好地发挥协同效应，更好地做到端到端的产品全生命周期管理，所以更适合产品多元化尤其是相关多元化的公司。然而，什么是产品线？产品线如何划分？产品线组织如何构建和管理？对于这些问题，企业普遍还存在认识上的差距甚至误区。下面从产品线概述、产品线划分、产品线划分实例 3 方面进行阐述。

3.3.1　产品线概述

近年，很多公司开始重视和实施产品管理，比如设立产品部、产品事业部，如图 3-3 所示，并取得了一定的效果，但并未形成端到端的产品管理模式。产品部一般只是把技术领域的资源（如硬件、软件、结构等）整合到一起，而产品事业部则整合了更多的资源（如销售推广、技术支持等）并实行更大的授权和相对的独立核算，在很大程度上实现了这些资源之间的有效协调，但是相同的资源在不同产品部、产品事业部之间无法共享，无法达到协同作用，专业能力的提升将受到很大的限制，而且这种结构并不能做到真正面对客户和满足客户需求，与产品部、产品事业部之外的资源协调依然困难，效率的提升有限。另外，产品事业部的独立核算尤其是过于强调利润导向很容易诱发短期行为，容易使企业散失新的业务机会。因此，产品线管理模式应运而生。

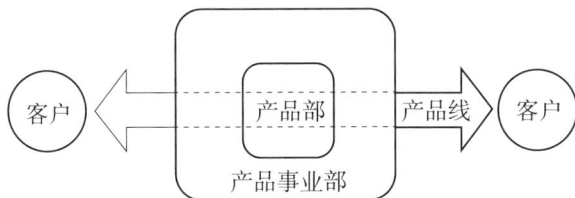

图 3-3　产品管理模式

1.产品线定义

传统上，把产品线理解为整个系列产品的集合。菲利普·科特勒在《营销管理》中的定义是"产品线是指密切相关的一组产品，因为这些产品以类似的方式发挥作用，销售给同类客户群，通过同一种类的渠道销售出去，售价在一定的幅度内波动"。在今天看，这种定义太过于狭隘和局限。

产品线是指一群相关的产品，这类产品基于相同的产品平台，功能相似，销售给同一消费群，经过相同的销售途径，或者在同一价格范围内。迈克尔·波特在 2016 年将产品线定义为"提供功能相近、满足相同的消费群体、使用相同的营销渠道并在一定价格范围的产品集"。

如图 3-4 所示，自下而上地描绘了一个公司的技术、模块、平台、产品线和产品等要素之间的关联关系。这是一个公司非常重要的业务层次划分，有时称为业务分层。一个公司的运作效率、技术能力、核心竞争力等，是和它的业务分层密切相关的。在图 3-4 中，产品线处于顶部的位置，因此，产品线和消费者之间能够形成端到端的产品管理模式。

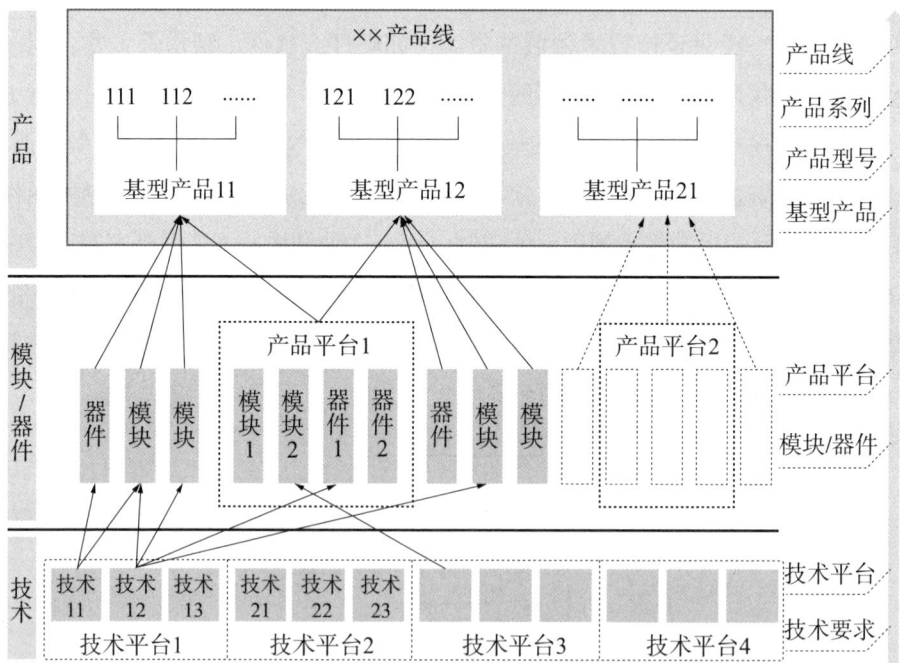

图 3-4　产品线同技术、产品平台之间的关系

产品线从规模来看，可以是几百万元、几千万元的小产品线，也可以是几十亿元、几百亿元的大产品线。按照产品管理的思想和方法，产品线不仅仅是产品集合的概念，还包括以下含义：

（1）产品线划分是一种业务分类，产品线实质上是业务线；

（2）产品线是端到端的，即从客户需求到满足客户需求，也可以理解为从机会到现金；

（3）从市场划分的角度看，产品线是公司层面的细分市场；

（4）产品线是一个财务核算单位，要对产品线的业务绩效负责，而不单纯追求短期利润；

（5）产品线之间存在技术或市场方面的协同效应。

2. 产品线相关概念

在产品线的相关研究中，不断出现了新的概念，主要包括产品组合、产品线的宽度、产品线的长度和产品线的深度，如表3-1所示。

表3-1　产品线的相关概念

评价因素	说明
产品组合	是指一个企业提供给市场的全部产品线和产品项目的组合或搭配，即经营范围和结构，公司级产品组合一般包括若干产品线，每一条产品线内又包括若干产品项目 产品组合可以用产品线的宽度、长度、深度和一致性来说明
产品线的宽度	又叫产品组合广度，是指企业产品组合内的产品线数目 产品线越多，产品组合越宽，反之，产品组合越窄 一般不建议超过6条产品线 例如，某公司拥有清洁剂、牙膏、条状肥皂、纸尿布、卫生纸，那该公司产品线的宽度为5
产品线的长度	每一条产品线内的产品品目数称为该产品线的长度，如果一个公司具有多条产品线，公司以将所有产品线的长度加起来，得到公司产品组合的总长度，除以宽度则可以得到公司平均产品线长度 长度越大，表示产品中产品项目越多，反之，产品项目越少 例如，某饮料公司茶饮料产品线包含红茶、绿茶和乌龙茶3种类型，则该产品线的长度为3
产品线的深度	指该公司产品线上的每个产品项目可供消费者选择的种类 例如，某绿茶饮料具有不同的包装和容量，这些就构成了该茶饮料产品线的深度

3. 产品线的优缺点

任何事物都具有它的两面性，产品线在发挥其优点的同时也存在相应缺点。我们可以对产品线的优缺点进行详细比较，如表 3-2 所示。

表 3-2　产品线优缺点分析

产品线的优点	产品线的缺点
（1）满足消费者的多样化需求和偏好 （2）提高企业定价能力 （3）发挥情境效应 （4）强化应对需求变化的能力 （5）阻止竞争者进入市场 （6）提升品牌质量感知度 （7）发挥产品协同性	（1）形成产品之间的自相竞争 （2）抑制或推迟消费行为 （3）导致成本支出增加 （4）加大质量风险

3.3.2　产品线划分

产品线划分本质上是一种业务划分，可参考公司的业务分类方式，按照某种确定的维度对产品线进行划分，并明确每条产品线的业务领域。产品线划分一般有按产品类别和产品技术分类两种方法，具体内容和案例如表 3-3 所示。

表 3-3　产品线划分方法

划分方式	说明
按产品类别分类	指依据产品的不同特性进行分类 例如，某化学企业：助燃剂产品线、医药产品线、油水产品线
按产品技术分类	指依据产品的不同技术水平进行分类 例如，某电源企业为低压产品线、中压产品线、高压产品线；某照明企业为移动照明产品线、固定照明产品线、防爆照明产品线；某通信企业为有源产品线、无源产品线、服务产品线

3.3.3　产品线划分实例

宝洁公司在中国市场日用品行业取得了巨大成功，该公司采用的是产品线和品牌管理模式，按照产品的类别进行分类，如表 3-4 所示。

表 3-4　宝洁公司在中国市场的产品线

产品线	品牌	产品特点	目标客户
洗发护发用品	海飞丝	去屑护理	有头屑烦恼的人群
	沙宣	水养保湿、时尚专业	时尚、重视发型的人群
	伊卡璐	草本精华	注重头发营养和健康的人群
	飘柔	让秀发光滑柔顺、飘逸洒脱，具有普及性	消费能力较低的人群
	潘婷	呵护营养流失的秀发，含有维他命原 B5	注重头发营养和健康的人群
护肤美容用品	玉兰油	惊喜从肌肤开始，美白护肤	注重皮肤保养、中等收入的女性
	SK-Ⅱ	尖端生化科技，独家专利	重视除皱美白的高收入时尚女性
个人清洁用品	舒肤佳	国际知名的个人清洁护理品牌及抗菌品牌	一般家庭
	玉兰油	护肤	注重皮肤保养、中等收入的女性
	激爽	清爽提神、有效洁净、长效留香	城市家庭和年轻人
口腔护理用品	佳洁士	高、中、强档牙膏和各种功能型牙刷，其先进技术已经先后获得了全国牙防组和中华口腔医学会的认可和验证，是唯一获此殊荣的品牌	收入水平不同的各家庭

第 4 章
产品协同模式

产品协同战略是企业协同战略最核心的内容之一。

⚙ 4.1 客户型产品协同

客户型产品协同是指不同产品为服务同一类客户群而形成的产品协同。

例如，C 公司是一家小家电制造企业。近年来，C 公司敏锐地把握住了小家电行业飞速发展的时机，率先进入电水壶行业，依靠电水壶这一产品实现了企业的飞速发展。后来，C 公司决定进入其他的小家电行业。依靠其市场运作经验与基础，C 公司迅速切入了饮水机、加湿器行业。但是，C 公司并没有将 3 类产品整合，而是分别搭建了 3 套人马进行独立的运作。电水壶、饮水机、加湿器的研发、制造、销售、推广都分开进行，在总部有独立的产品经理，在分公司也有对应的产品经理对接，同时基层的业务人员则 3 类产品都负责。这种方式仅仅简单地将 3 类产品的营销职能叠加，在实际的工作中不仅没有起到 "1+1 ＞ 2" 的效果，反而 3 类产品 "各自为政"，造成了严重的问题。多产品的运作显然不是单产品运作的简单累加。从根本上说，C 公司以前围绕电水壶这一单品的营销平台必须要变革，才能在多产品之间形成协同效率。然而，C 公司到底该怎么实现多产品的协同销售呢？

电水壶、饮水机、加湿器相同的目标客户，走的是类似甚至是相同的销售渠道，多产品协同销售是最好的办法。但目前，C 公司的营销体系按产品类别划分，没有按照客户类型及对应的渠道模式来整合产品运作，所以造成了资源浪费，甚至因代理商经常拿这个产品压那个产品，反正哪个产品赚钱、给的资源多就生产谁而 "误伤友军"。

不协同产生的不良后果已经显而易见，关键是如何实现协同销售。要解决问题，首先要看问题出在哪里。从表面上看，不协同是由于营销人员按照产品归属划分，从而出现了撞车情况。但深追下去，彼此互不帮忙，甚至相互拆台的原因在于经销商的可运转资金是有限的，而业务人员基于业绩压力都在抢夺这些有限的订单资源。在这样的前提下，虽然他们属于同一个公司，但大家却是竞争对手。在每个人的眼中，其他产品系列业务人员与其他友商没有区别。因此，协同销售势在必行。

具体优化措施如下。

1. 只要一个大脑

协同销售需要一个统一的指挥系统，需要区域分公司能够制定协调一致的产品营销方案，在产品切换节奏、多业务推广、资源投入方面展开深度协同。基于这个原因，需要打破原有的职能划分，尤其是各经销区及以下的营销部门。把按照产品划分转变为按照客户类别进行划分，将多个单品区域分公司合并成区域市场一个多产品运作的分公司。分公司可成立专门企划部门，负责制定区域营销计划和各产品的促销方案。

2. 盘点客户资源

组织架构改变后，将进行客户资源整合。由于 C 公司的营销渠道不是初建，而且 3 个产品间存在着渠道重叠的特点，整合后的渠道并不会发生动荡。可以根据客户特点，对客户进行分层、分类管理。客户资源整体划归到统一的指挥系统下，将有效避免经销商一天接待同一公司几批业务员的尴尬，同时有利于给客户以统一的品牌形象，也有效降低企业内部资源消耗。

协同销售是从过去对经销商资源的争夺，转变为对渠道进行精细化管理。单品销售更多讲究的是对终端的争夺，而协同销售是建立在销售渠道基本构成的基础上，通过多产品的优势互补支持及产品组合推广，实现对经销商的培育管理，对终端资源进行结构优化。

3. 优化销售体系

转变业务员职能，由过去的单一产品销售转变为给特定渠道客户提供服务。也就是业务员由过去的对产品销售负责转变为客户服务。一个业务员对应几个销售渠道节点，负责该节点的 3 大产品的统一销售。在此模式下，业务体系是一支携多产品销售的队伍。由于产品销售渠道基本类似，一个销售节点有一名业务员就可以实现各个产品销售。这不仅有利于提高工作效率，降低人力成本，同时也有利于销售指挥系统采集各类渠道信息。

4. 产品研发协同

需要注意的是，除了产品的协同销售外，公司的产品定位、研发设计和生产也需要进行系统梳理，增强产品以客户群为导向的产品协同。

4.2 渠道型产品协同

渠道型产品协同是指企业具有较强的关联性的产品，通过使用相同的销售渠道实现产品的出售协同，提升产品的集团军协同作战能力。典型案例有宝洁公司的洗浴系列产品。

在中国的洗发水领域，宝洁公司推行多品牌的差异化市场细分策略，旗下拥有飘柔、海飞丝、潘婷、沙宣等多个强势品牌，建立了相当高的品牌忠诚度，在洗发水行业占据了绝对的优势地位。宝洁公司的产品组合如表4-1所示。其中，产品线的宽度是指企业拥有产品线的数目，产品线的长度是指每条产品线中产品项目的总数。

表4-1　宝洁公司的产品组合矩阵

产品线的长度	产品线的宽度			
	洗涤剂	牙膏	香皂	方便尿片
	象牙雪	格里	象牙	帮宝适
	洁佛	佳洁士	柯柯	露肤
	汰渍	登鞋	拉瓦	
	快乐		佳美	
	奥克多		爵士	
	达士		舒肤佳	
	大胆		海岸	
	吉思			
	黎明			
	独立			

在表 4-1 中，宝洁公司产品线的宽度是 4，产品项目的总数是 22，由于宝洁公司都是通过相同的分销渠道出售。因此，我们可以说该公司产品在销售渠道方面具有较强的关联性，且较好的协同性。

宝洁公司洗发水的产品组合协同策略如下。

1. 协同扩展策略

宝洁公司洗发水有多种产品系列，如沙宣系列、潘婷系列、海飞丝系列等。对宝洁公司洗发水系列来说，其适应市场需求，生产不同规格的产品。中等规格一般在 200 ～ 400mL，大瓶一般在 750mL。此外，宝洁公司还生产与洗发水息息相关的一系列产品，如精华素、发膜等。宝洁公司的洗发水都有自己独特的功效。宝洁公司洗发系列产品通过产品和品牌的扩展，功能、规格的区隔，在同一销售渠道下实现不同产品和品牌之间的协同，形成产品集团军，提升了产品的竞争能力。

2. 产品线的协同延伸策略

为了适应市场的发展以及消费者的需要，宝洁公司运用了双向延伸策略。宝洁公司的系列洗发水产品有多种价位，生产了较低价位的飘柔系列和伊卡璐系列，较高价位的沙宣系列并且还生产更高价位档次的沙宣、海飞丝、潘婷的烫染修护专柜。

宝洁公司产品以洗浴为中心扩展的原因除了基于其多品牌战略和市场需求外，还在于能够更好地通过共用相同的销售渠道实现产品协同。宝洁公司采用多品牌战略，通过不同的品牌定位满足不同消费者的需求。宝洁公司的产品线广泛，包括美容护发类、护肤类、洗浴类、洗衣类等产品，这些都是其核心产品类别。

宝洁公司的产品扩展策略还包括通过收购和出售品牌来调整其业务。例如，宝洁公司出售了一些食品品牌，同时也收购了其他品牌来扩展其业务。

宝洁公司将市场重心逐渐偏移到以洗浴用品为主的大日化市场，不断调整产品结构，提升产品的协同性。

4.3 功能型产品协同

功能型产品协同是指两个或多个产品之间通过一定的协同组合,扩展了产品功能,为客户提供更多、更好的服务。例如,苹果手机与苹果手表就是典型的功能型的产品协同。

苹果手机与苹果手表的产品协同功能是通过连续互通实现的,允许用户在满足系统要求的各种苹果设备间实现顺畅衔接。通过这一功能,用户可以在不同设备间无缝传输文稿、照片、视频、网站、地图位置等内容,并通过隔空投送功能实现快速分享。

4.4 互补型产品协同

互补型产品协同是指通过有意识地以优惠甚至亏本的价格出售一种产品(基础产品),促进销售盈利更多的互补品(盈利产品),以求获得最大限度的利润。在"剃须刀与剃须刀片"的这种涉及互补产品的战略中就用到这样的协同策略。将剃须刀以成本价或接近成本价的价格出售,目的是促使顾客在将来购买更多的、利润更高的替换刀片。像这样的例子还有很多,如电梯—电梯维护业务、软件—软件升级、净化水系统—化学处理药剂、个人复印机—色粉盒、照相机—胶卷等。

有意识地创造互补产品是协同战略规划的重要内容之一。

1. 互补品协同的作用

互补品是指两种商品之间存在着某种消费依存关系,即一种商品的消费必须与另一种商品的消费相配套。一般而言,某种商品的互补品的价格上升,将会因为互补品需求量的下降而导致该商品需求量的下降。互补品可分为普通互补品和完全互补品。

普通互补品:两种商品之间没有固定的同时使用的比例,如牛奶和咖啡。

完全互补品:两种商品之间必须按照固定不变的比例同时被使用,如眼镜框和两个眼镜片。

例如，为了确立 Windows 在计算机操作系统中的霸主地位，比尔·盖茨鼓励别的厂商开发 Windows 上的应用程序。盖茨的这一正确决策使 Windows 相对于其他操作系统更具竞争力，用户选择的天平最终倒向了微软。应用软件是操作系统的互补产品，微软通过鼓励其他应用软件厂商开发基于此平台上的程序，大力地发展兼容的应用软件。随着此类应用软件数量的增加，微软操作系统对顾客的价值也在不断提高。这就是微软在操作系统上获得巨大成功所采用的互补协同战略。

能够形成互补协同战略的产品有以下特点：

（1）它们在买方心目中被联系在一起或可以被联系在一起；

（2）它们对彼此的竞争地位有显著的影响。找出具有战略重要性的互补产品要求战略决策者具有良好的判断能力。互补产品的战略重要性随着产业演变阶段、产业结构及消费者消费的理性程度的变化而变化。

2. 互补品协同的益处

（1）增加产品价值，使产品歧异化。

互补品常常影响产品的性能表现或影响该企业对顾客的整体价值。正如调色剂影响普通复印机的复印质量、设计出色的软件可以提高个人电脑的效能一样，将几个单独表现并不出众的互补产品协同组合起来，常常可以极大提高顾客的满意度，使得产品获得歧异化的优势。至今还有不少人宣称，苹果公司的产品是最有个性的。尽管如此，微软还是牢牢地占据了行业领导者的地位。究其原因，微软为硬件制造商提供了一种马上可以得到的、好用的、并不很贵的计算机语言。微软在开展操作系统业务时吸引了大量应用软件开发商为其操作系统开发应用程序，从而有效地提高了其产品对顾客的价值。

（2）提高主打产品的销量。

互补品的革新所带来的一个最明显的收益就是，它会大大提高主打产品的销量。除此之外，它还会带来其他回报。例如，法国的安德烈和爱德华两兄弟接管家族设在克莱蒙费朗市的橡胶生意之后不久，就于 1900 年决定为旅行者出版一本指导手册——《米其林指南》。从经济学的角度来说，旅行指南和汽车轮胎可以被称为互补品。随着汽车变得越来越流行，这本小册子也逐渐成为一种强大的品牌构建和营销渠道。事实上，仅仅是销售《米其林指南》，就给这家公司带来了滚滚财源。

（3）获得协同效应。

生产互补产品的企业可以实现品牌等无形资产的共享和价值链中的一些活动的共享。比如，当可口可乐公司与麦当劳合作时，两家公司的良好声誉保证了由互补产品可乐饮料与汉堡包相结合的套餐对顾客的可信度。再比如，在产品及其互补产品的发货方面可应用同一后勤系统，或者两者可共享同一订货系统。由于互补产品是出售给同一顾客，所以它们经常会存在共享各种资源的机会。正是由于互补产品的支持对企业产品竞争优势的获得具有重大影响，互补协同产品战略在现代商战中得到了广泛的应用。

（4）打败竞争对手。

聪明的互补品革新还可以帮助你更好地打败竞争对手。英特尔和 Wi-Fi 网络市场就是一个很好的例子。20 世纪 90 年代末，个人电脑 Wi-Fi 连接设备上使用的半导体的最大制造商是一家名叫 Intersil 的小公司。随着 Wi-Fi 的迅速发展，Intersil 也开始在市场上迅速站稳脚跟，并逐步威胁到英特尔公司在个人电脑用芯片市场上的统治地位。为了回击对手，英特尔迅即推出了自己的 Wi-Fi 芯片，并以极其低廉的价格将其提供给个人电脑制造商。这场来势迅猛的价格战眨眼之间就摧垮了 Intersil 的市场份额。为什么英特尔宁愿以低于成本的价格抛售该芯片呢？因为 Wi-Fi 是英特尔的核心业务——微型处理器的重要互补品。通过降低 Wi-Fi 服务的成本，英特尔就可以成功地鼓励更多的人选择笔记本电脑，而通过销售笔记本芯片，英特尔公司则可以轻松获得高于销售个人电脑芯片的利润。

4.5 捆绑型产品协同

捆绑型产品协同是指以单一价格将一组不同类型但是互补的产品捆绑在一起出售。

例如，美国的国际商业机器公司 IBM 在过去的许多年中，曾将计算机硬件、软件和服务支持捆绑在一起经营；微软公司将 Office 系列、IE 浏览器挂在 Windows 操作系统上时，采取的就是一种典型的捆绑式经营。不同产品的捆绑式协同经营广泛地存在于商业活动中，不过人们并不总能辩识出来。例如，仅仅作为交通工具的汽车与车类的音像设备构成互补产品关系，但消费者往往将它们作为一个整体来看待；航空公司提供免费食品及行李服务时，实质上采用的也是一种捆绑式协同经营。

具有互补性的不同产品往往能够进行捆绑式协同经营。产品的互补性是指两种不同的商品能够互相捆绑、补充，共同满足一种愿望或需求的关系。这种关系能够提升消费者购买意愿和整体满意度。互补性产品不仅能够满足消费者在不同层面的需求，还能提高产品系列的吸引力和市场竞争力。

并非所有企业的产品和服务都能随意地捆绑在一起。捆绑销售要达到"1+1 > 2"的效果，取决于两种商品的协调和相互促进，不能存在难以协调的矛盾。因此，捆绑销售的成功依赖于以下几个条件。

1. 市场匹配度

两种产品应该能够满足同一市场群体的不同需求。例如，一款智能手机与一款专用手机壳的组合，满足了消费者对便携性和个性化需求的双重追求。

2. 协同效应

商品之间应有明显的协同作用，即一种产品的存在能够显著增强另一种产品的价值。例如，一个健身器材品牌与一款健康跟踪应用软件进行捆绑销售，可以提供数字化、更全面的健康管理和锻炼体验。

3. 用户认知

消费者对捆绑销售的产品组合要有清晰的认识，理解其中的协同价值。通过营销策略和品牌宣传，确保消费者认识到捆绑产品的优势和独特价值。

4. 成本效益

捆绑销售的成本控制是关键。企业需要确保捆绑产品能够带来整体成本效益的提升，同时保证产品组合的市场竞争力。

5. 操作便利性

捆绑产品应具备便捷的购买和使用体验。能够简化购买流程，提供一站式的解决方案，提升消费者的购买满意度和忠诚度。

通过满足以上条件，企业能够有效地利用产品互补性策略，产生产品的协同效应，实现产品线的优化组合，提升消费者价值，增强市场竞争力。

4.6　生态型产品协同

生态型产品协同的典型案例是苹果公司产品之间的协同模式。苹果公司希望打造以手机为中心的智能生活。

苹果公司，作为全球知名的科技巨头，其产品种类繁多，包括 iPhone 智能手机、iPad 平板电脑、Mac 个人电脑、Apple Watch 智能手表、AirPods 无线耳机等，除了上述产品外，苹果公司还推出了便携式音乐播放器、Apple TV 电视盒子等一系列产品，涵盖了从个人消费电子到专业级设备的多个领域。

1. 苹果生态以苹果手机为中心

苹果生态，它不仅指苹果公司生产的所有产品，还指每个产品之间的关系，以及它们组合在一起后形成的有凝聚力的用户体验。苹果公司生产的每一款产品都代表着一块拼图的组件，每款产品都经过精心设计，可完美搭配。尽管你不需要所有组件，但每当你新添加一个苹果公司产品，都会使整个体验变得更加神奇。

例如，你使用的是 iPhone，这款产品本身已经相当优秀，但如果你又入手了 Apple Watch，就可以将 iPhone 的一部分功能转移到手腕上，你能够比单独拥有 iPhone 更快、更方便地接打电话、发送短信、跟踪锻炼情况、查看天气等。这种便捷性就是苹果公司生态的好处之一。事实上，苹果公司的所有产品之间都存在这样的过渡关系。

2. 苹果公司生态系统的扩展：从 iPhone 到全场景智能生活

苹果公司生态系统通过 iPhone、iPad 等设备无缝整合，提升生活便捷性。

近年来，苹果公司生态系统的扩展引发了科技界和消费者的广泛关注。苹果公司不仅在硬件和软件的整合上实现了无缝融合，还通过多设备的协同，创造了一个更智能、更便捷的生活体验。我们将探讨苹果公司如何通过这些设备和功能改变我们的生活方式，并预测未来苹果生态系统的扩展方向。

（1）苹果公司生态系统的强大整合。

当我们谈到苹果公司生态系统时，首先想到的可能是 iPhone。作为苹果生态的核心，iPhone 不仅是一款智能手机，它还是用户与其他苹果设备无缝连接的"钥匙"。

除了 iPhone，苹果公司还通过 iPad、Mac、Apple Watch、AirPods 等设备，进一步扩展了其生态系统。比如，你可以在 Apple Watch 上接听 iPhone 的电话，用 AirPods 无缝切换音频设备，甚至通过 Apple TV 将移动设备上的内容投射到更大的屏幕上。这些设备的协同工作不仅提升了用户的工作效率，也大大丰富了我们的日常生活体验。

（2）苹果公司生态系统改变我们的生活方式。

随着苹果公司生态系统的扩展，我们的日常生活方式正在发生巨大的改变。首先，在健康监测方面，Apple Watch 已经成为人们日常健康管理的"随身医生"。无论是追踪步数、检测心率，还是监测血氧含量，Apple Watch 在帮助用户实时了解自己身体状况方面的表现尤为突出。随着不断拓展健康领域，我们或许会看到更加精确的健康数据追踪功能，如血糖监测、睡眠分析等，进一步提升用户的健康生活体验。除此之外，智能家居也是苹果公司生态系统中的重要组成部分。这种全场景的智能生活体验极大提升了我们的生活质量，也让科技与生活深度融合。

第5章
产品组合规划

很多产品都有淡旺季，比如冰淇淋在炎热的夏天是最受欢迎的食品，而到了冬季，就进入了行业的销售寒冬，厂家和经销商都要经历长达半年的休眠期。其他产品的销售虽然没有冰淇淋淡旺季这么明显，但是也会受到一定影响。比如逢年过节都是饮料的销售高峰期，而牛奶则没有淡旺季之分。

经销商为了增加销售量，有时会将啤酒、饮料和牛奶这些看似竞争又同品的消费品进行捆绑或搭赠促销，常常会起到意想不到的效果。例如在春节前饮料的销售高峰期，经销商向客户群体推出了"买10箱饮料，赠一箱原饮料，再送一箱年后2月的牛奶"的进货券，这意味着下游的进货商以10箱饮料的钱进了12箱的饮料和一箱的牛奶，获得了利润的最大化。

经销商看似比较吃亏，因为用很薄的利润销售了饮料还得白白搭出去一箱牛奶，但是年后往往是食品行业的销售淡季，年前提前销售了1箱牛奶，能够保证经销商在2月的牛奶销售量。经销商只是把应该在2月进行的促销活动提前到了年前，比别人更快一步，既锁定了稳定的销量，还能将成本降至最低。不得不说，这是经销商在终端组合销售的一招妙棋。

因此，好的产品组合能够实现产品在终端的活化，让其脱颖而出，实现促销和盈利。

同理，现在有的企业产品很多，但产品之间没有关系，更没有产品组合，各种产品就像不同功能角色的散沙，没有形成产品组合的竞争力。

随着生活水平的提高，消费者的生活方式逐渐向"碎片化"演变，市场形态也开始向"碎片化"聚拢，如高端市场的高档消费、大众市场的大众消费、农村市场的跟随消费等。这都告诉企业在进军一个市场时，要认清消费者的消费层次，有效地进行产品定位和产品分类或组合，才能适应市场竞争的需求。

宝洁公司旗下的洗发水品牌，虽然产品极多，但却互不冲撞，各自满足不同消费者的需求。宝洁公司就是通过对消费者需求进行精确、科学、系统的分析，才使产品能够精准定位，满足不同消费者的需求，培养出一批固定的忠诚消费者。大型企业都要严格根据消费者的需求，进行产品组合与规划，何况那些中小企业呢？根据定位对产品进行组合和分类，投入市场，这样才能有的放矢，而非产品一大堆，企业或者销售经理根本不懂产品如何定位与组合，结果为了生存，产品相互"打架"而夭折。在酒水市场上，我们看到许多中小型企业，虽然企业不大，但产品众多，寿命不长，每个产品缺少明显的在市场应该担当的角色，造成企业每年都在不断地开发新品，来适应市场变化。

所以，产品在市场营销上和企业发展内部策略上都应该赋予不同的角色，产品之间形成有机组合，协同作战，提升整体竞争力。

5.1　产品市场功能组合

产品市场功能组合是指让不同的产品承担不同的职能和角色，各种产品相互协同、相互导流，在市场上形成协同作战能力。这是基于市场销售视角而言的。

有些企业产品系列的定位是中高端产品，针对的是中高端消费人群，但又不想放弃那些中低端的消费人群，于是就随手开发了一些同系列的产品去满足那部分人群。殊不知，这样却导致了产品体系的混乱、品牌的模糊、消费群体定位不清，本想依靠增加产品来扩充消费人群，但是产品多了，各产品战略任务混乱了，消费人群反而少了，销量下滑了。

对于企业来说，面对竞争对手的产品表现，也不可掉以轻心，必须有效制定遏制竞争对手的战术性的产品组合策略，系统规划各个产品的战略性任务。所以，基于竞争对手情况，根据消费者的层次，企业必须设计出有效的产品组合阵营，使产品能够清晰担任各自不同的角色。比如菱形产品阵营，即以战略型产品和战术型产品为两端，以销量型产品和利润型产品为主推的产品组合体系。产品组合形成集团军协同作战。

产品组合可以从角色、功能等不同角度划分。

按产品职能划分，产品组合可分为以下 7 类。

1. 战略形象产品：代表公司形象的产品

战略形象产品是指能够提高品牌形象和美誉度的产品，通常价格和利润都不是主要考虑因素。

战略形象产品也称新概念产品，这是什么含义呢？通常它价位很高，有很高的科技含量，有体现差异性的功能或者独特价值。这个产品代表着企业发展趋势，代表着高科技，代表着高难度，代表着企业的经营能力和水平。生产这种产品不是为了销售，而是为了提升企业的形象。

战略形象产品的设计应该注重以下几点。

（1）品牌形象突出。战略形象产品的设计应该突出品牌形象和价值观，以提高品牌的认知度和美誉度。

（2）代表企业高端定位形象。战略形象产品的定位应该能够代表企业想要获取的高端形象，要能支撑起消费者对品牌的感受，针对目标消费者群体进行精准设计和推广。

（3）市场宣传。战略形象产品的市场宣传要注重品牌形象的推广和宣传，以提高品牌的知名度和美誉度。

每个企业在设计产品体系时，都会高度重视形象产品的设计，因为形象产品代表了企业所能达到的最佳水准。比如有门窗企业设计了高 3 米、宽 2 米的落地窗，而且是整块玻璃。这种产品本来就没指望卖出多少，纯粹是为了衬托品牌形象和产品档次的。消费者知道企业连这种大尺寸产品都能做，而且质量非常好，那么其他产品系列当然更没问题了。

战略形象产品一般是档次高、价格高，提升产品的品牌形象，且产品不断升级迭代，保持产品形象。这种产品通常成本昂贵，利润不高，销量很小，就是用来和竞争对手比美的招牌，是产品线中的旗手，如企业的限量版产品。

战略形象产品具有高质、高价、高利润的特点，其职能在于提升整个产品系列的形象档次，引起消费者对整个系列产品的关注和好感，并满足高经济能力顾客的购买需要。由于购买高价位产品的顾客对价格并不敏感，因此可以适当提高售价，获取高于平均水平的毛利。一般情况下，战略形象产品的售价可以与竞争对手相应机型的价格持平或略高。

如果主导产品老化造成品牌老化，那么，就要赶快对产品进行迭代升级、优化再造，来提升产品形象、品牌形象，提升销量。

例如，很多酒水品牌都拥有自己的顶级产品，动辄数百元，甚至几千元不等。这类产品主要是用来展示品牌形象，真正卖出去的并不多，企业也不会对形象产品有销量方面的要求，但形象产品切忌定位过高，与其他产品距离太远。

案例分享

起初，国外品牌的等离子电视已经生产，国内的家电品牌也在自己的专卖店放了自己品牌的等离子电视，标价 48000 元至 58000 元，它的这个产品真的能销售吗？一般没人买这个电视，那它摆在那儿做什么呢？

企业就是想表明自己的能力罢了，只是对客户表明"企业的技术水平很高，我能生产出别的厂家生产不出的产品"，这种产品就是形象产品。

这种产品可能卖不了多少，只是在高端家电市场里彰显企业实力，使顾客对生产企业留下深刻的印象，从而提高企业知名度，提升企业的形象。

2. 主销产品

主销产品是支撑企业核心收入与市场份额，承载品牌核心认知的产品。主销产品一般是企业的成熟型产品，是市场规模最大的、产品价格不断降价促销的中低档产品，追求产品销量最大，并有防御作用，防止竞争对手占领主销市场。主销产品能够提升品牌影响力，打通销售网络，抢占市场占有率，形成市场规模效应，分摊生产管理成本。

主销产品的价格带一般要处于市场（产业）大众价格区间内，拥有市场主流的性能配置，也就是说主销产品在产业销售规模和产业价格带中占据比较集中的区间，是与产业的适销度比较匹配的产品。一般拥有与形象产品相近的外观或相似的卖点，但性价比更高。

主销产品是用来铺货和扩大市场份额的产品。主销产品和别的企业产品差不多，价格较低，销量大，利润不多，可以摊销企业的运行成本。它的量越大，摊销的成本就越低。店里的通货是卖得最好的，但是不一定就是最挣钱的，但这种产品会给生产企业带来客流。比如，一个经销商进很多的青岛啤酒，一箱只挣五毛钱，但为什么还要卖呢？在消费者买青岛啤酒的时候可能就捎带着买一箱果汁，而就是这一箱果汁挣了钱，果汁就是他的利润产品。

3. 利润产品

利润产品是指具有较高利润率的产品，通常价格较高，销量较少或中等，在为公司贡献销售的同时能产生高额利润。该产品往往具有较高的购买频次，以此来弥补流量产品在毛利上的不足。该产品的销售往往由引流产品来推动。

利润产品的设计应该注重以下几点。

（1）产品质量高。利润产品的设计应该注重产品的质量和性能，以提高产品的竞争力和市场占有率。

（2）定位精准。利润产品的定位应该精准，针对目标消费者群体的高端需求进行设计和推广。

（3）定价相对较高。利润产品的价格应该较高，这才是利润的保证。利润产品不求销售多少，核心是通过较低的销量，也能够保证一定的利润。

企业的利润产品，主要是指与竞争对手相比差异性较大的产品，因为此类产品与竞争对手的差异化较大，所以附加值较高，销量也许不多，但是会给企业带来巨大利润。这种产品一般价格在中高价位。那么，什么样的产品是利润产品呢？就是那种不知名的但还有些差异化的品牌产品，能受到顾客的喜欢，这往往就是带来利润的产品。

利润产品一般属于新产品或处于成长期产品，为中高端产品，价格较高，主要是为了保持高利润率，抢占利润。同时，销量适中，市场细分不能太小，既有利润又有销量，才能够形成稳定的现金流和稳定的利润。

利润产品处于产业市场主销价格区间内，比主销产品的外形更为独特，或多了一些附加功能，而成本没有明显增长，使毛利高于平均水平。这种产品中质中价、中高利润。

比如，美容院如果要卖玉兰油，会卖得很贵吗？市场上到处都可以买到玉兰油，价格都一样，美容院不会努力向消费者推荐玉兰油，因为这种产品太普通了，挣不了什么钱。因此，美容院努力推荐的一定是市面上没有，但质量还不错，价格也很高，这才是它的利润产品。

4. 阻击型产品

阻击型产品是指专门用来打击竞争对手的产品，往往是针对竞争对手的畅销产品实施的低价产品，使竞争品牌的优势产品被削弱。一般情况下都不会以利润为目的，属于中质低价或高质中价，限制销量，利润很少，甚至是亏本，目的是阻击竞争对手产品，以惊爆价、特价等形式在市场推出，与竞争对手主销型产品的主要卖点或外观风格相似，在价格上极力打压竞争对手，形成同质超值低价之势吸引消费者的眼球。阻击型产品在外观造型或性能配置上应与自己的主销产品形成明显差异，在终端售点限制供货量，限制销售，在终端销售推广上极力贬低竞争对手的产品，动摇顾客对该种类的购买信心。

5. 参比产品

参比产品就是价格锚定产品，开发一个与对手产品相同的概念和品质的产品，然后与自己的产品进行对比，以体现自己产品的价值。

例如消费者去一个店里买漆，问有没有立邦漆，店家说有。问这一桶是多少钱，店家说，立邦漆非常贵，你还不如买这个品牌的呢，和立邦漆质量差不多，价格还便宜。立邦漆此时是参比产品。同样是他卖的漆，他为什么不卖立邦漆给你？因为他推荐的产品就是他的主利润产品。

6. 引流产品

引流产品是负责为公司销售带来流量的产品，也就是能够吸引大量消费者关注和购买的产品，通常价格较低，利润较少，也可能是促销产品，是用来促销和扩大市场份额的产品，但企业必须大量生产，配合主销产品和利润产品搭配销售。这种产品通常是一些高曝光率的产品，往往是大众知名的产品，可以为公司带来巨大的流量和销售，同时可以促进其他产品的销售。

引流产品的设计应该注重以下几点。

（1）产品特点突出。

引流产品的设计应该突出产品的特点和优势，让消费者能够一眼看出产品的价值和吸引力。

（2）定价合理或较低。

引流产品的价格应该合理，不要过高或过低，以吸引更多的消费者关注和购买。引流产品在企业的产品体系中，属于价格中档、性价比较高的一个系列。

（3）市场推广优先。

引流产品的市场推广应该注重电商推广、互联网营销和社交媒体营销，以吸引更多的消费者关注和购买。

因此，基于流量的获得需要来设计产品性能、价格和卖点，就是最为可取的。

不是设置个低价就可以被称为引流产品的，引流产品的关键是决策门槛的拆除。在消费者面对众多同质化产品决策犹豫时，这款产品成功拆除了这个决策的门槛，促成了消费。而在这个决策门槛中，价格只是其一。可以从包装着手，也可以从渠道着手，方法众多。别人卖 69 元，你卖 19 元，不是比谁能亏多少钱，而是比谁的成本低和卖得多。

当企业拿出一款引流产品时，背后一定设置好了主销产品和高利润产品。在这些产品组合里，这款产品凭什么实现引流？在已有产品中，如何重组爆款产品和引流产品？

京东为什么要做图书销售？因为信息家电的消费频率较低，为了提高消费者的购买频次，需要图书这种高频低价的产品来增强用户黏性。对于京东而言，图书就是它的引流产品，而信息家电就是利润产品。

如何挑选引流产品呢？

（1）高频。

通常来说，一个产业内是高频打败低频的。例如，某知名美发品牌一开始是做上门美甲的，做到后面做不下去了，后来切入美发领域。为什么？因为美甲服务从频率上来说只能算是一个低频事件，而美发就不同了，爱美的女孩是可以做到天天美发的。高频能保证产生稳定的消费频次，而一定的消费频次能保证公司具有稳定的客流量。

（2）低价。

价格是影响消费者决策的一大因素。打开淘宝，输入"9.9 元特价包邮"后，你会发现这些产品的销量高得吓人。再看看"双十一"、周年庆等节日，各大电商平台疯狂降价带来了意想不到的销售额。低价产品所产生的试错成本非常低，往往能刺激用户消费。哪怕产品质量较差，消费者也会认为反正就这么点钱，无所谓。

（3）知名。

知名是指通过具有较大知名度的品牌来吸引流量。仔细想一下，几乎所有商圈都能见到一家肯德基。为什么？因为肯德基是一个老少皆知的品牌，肯德基本身就是一个流量入口，能为附近的商铺带来源源不断的客流。

7. 上量产品

上量产品虽然不同于主销产品，但也是大量生产的产品。这类产品的价格比主销产品的价格还低，甚至不挣钱（价格仅仅大于可变成本即可），但企业还是大量生产。为什么？因为企业生产这类产品可以占有市场，提高市场的占有率，同时也可以摊销成本。

比如说生产酱油的企业，它的某一产品是主打产品，但它还有很多的产品是低档的，是挣不了多少钱的。即使如此，企业也不能把这些产品停产。为什么？因为如果只卖这一主打产品，给有些经销商送货就会不值得，经销商进的高档货太少了，他们进的货多是便宜的。有了这些低档的产品，虽然利润较低，但和高档的产品放在一块就值得送货了，这就是上量产品。

上量产品还可以有另外的作用就是攻击，攻击其他的产品。

产品组合理论告诉我们，当产品出现在市场上时，就必须有自己需要担当的功能角色，有自己的战略任务分配。如果你的产品目前还没有做到这一点，而是眉毛胡子一把抓，那么企业就会陷入一种被动状态，销售就会陷入一种衰退状态，这是很正常的事情。要做的事情很明确，必须对现有产品进行整合调整，明确各产品的功能角色，制定各产品战略任务分配。

案例分享

安徽亳州一家白酒企业，生产的白酒既有高达 358 元 / 瓶的，也有低到 35 元 / 瓶的，总数不下 40 种。虽然产品琳琅满目，但是销量却是不温不火。

为什么呢？经过市场调查后发现，主要有以下几个原因。

首先，产品定位模糊，产品之间没有形成相互借力的组合。虽然该公司产品的包装设计很上档次，但是在产品的定价上缺乏准确定位，每个产品不知道针对谁进入市场。目标群体、竞争对手都非常模糊。其次，渠道定位不准，不知道产品是针对流通还是餐饮。

经过分析，该企业的产品在流通、餐饮上都不适合。再者，产品虽然多，但是各产品战略任务不清，以致没有形成竞争层次，没有形成产品组合，没有形成集团军的协同作战，没有形成战斗力，显得杂而乱。

这样的企业怎会有竞争力呢？该企业对产品线需要进行重塑。

第一，在低端市场上推出一款产品，属于大众性销量型产品，同时面向普通餐饮和流通。

第二，结合企业的品牌状况，高端酒只保留"百年盛世"一个品牌作为战略形象产品，终端定价 238 元 / 瓶，其余的退出市场，形成消费者高端认知。

第三，重点推出两款中档产品，属于利润型兼主销型产品，分别针对流通和餐饮。这两款酒贴近市场，利润较其他产品高，深得终端和经销商的喜欢，销售量飞速提升。

只有清楚各产品的功能角色定位，明确各产品战略任务，才能更有效地形成产品组合，才能更有方向性地进行资源投放，才能更有目标性地进行市场操作。

5.2　产品企业角色组合

产品的企业角色组合是指从企业发展策略视角，根据产品的成长性和竞争地位赋予产品不同的角色定位，并采取适应性的发展投入策略。

公司发展到一定阶段后，就会拥有多个产品，还要开发新业务和新产品，但公司的资源是有限的。从如何分配公司的有限资源问题的视角，应该先将的产品分赋予不同的发展角色定位，再根据"721"原则，掌控好公司的发展节奏。

5.2.1　产品的发展角色定位

本书根据 SPAN 产品战略分析模型评估产品的成长性和竞争地位，应用"721"原则活力曲线规律将产品分成聚焦产品、重点突破产品、布局产品。

1. 聚焦产品

聚焦产品就是市场吸引力大并且企业产品竞争地位高的产品。聚焦产品一般是公司的核心产品，通过"赛马"而非"相马"的方式，在市场上已经验证具有很好的成长性，且在市场中已经有良好销量和品牌知名度，甚至已经能够代表公司或产品线品牌。

该产品在未来的一段时间内将继续保持较高的增长率，并且现在的销售已经达到了一定规模，在市场上具有一定市场份额和知名度，能够带来较高利润。就像一个家庭中 25 岁以上已经工作的孩子，已经过了投入期，不但不用家庭再为他投资，而且能够为家庭带来收益。

聚焦产品是公司目前的重要产品线或产品，在"721"原则中属于"7"的聚焦产品。这些产品是公司现金流、利润、市场份额以及品牌的主要承担者。

当前，我国实施的"一村一品"乡村振兴发展战略就是找出并实施聚焦产品的发展思路。"一村一品"发展模式是指在一定区域范围内，以村为基本单位，充分发挥本地资源优势，通过大力推进规模化、标准化、品牌化和市场化建设，使一个村或几个村拥有一个或几个市场潜力大、区域特色明显、附加值高的主导产品和产业，从而大幅提升农村经济整体实力和综合竞争力的农业农村经济发展模式。

2. 重点突破产品

重点突破产品是指市场潜力巨大，有一定销量并且增长率较高，进入快速成长通道的产品。这种产品虽然当前销售和利润都不太高，但是具有较好市场前景且发展迅速。就像一个家庭中十六七岁的孩子，虽然当前还没有成年，并且需要较大的资源投入，但是他已经过了因为环境恶劣而出现生病夭折的时期，对环境已经有比较强的适应性且成长较快，甚至已经上了大学，再过几年就可工作，即将为家庭带来收益。

重点突破产品属于那些市场潜力大，销售额可以迅速增长，能通过重点投入在未来 1 ~ 2 年重点推广，有望成为"明星类"的产品，在"721"原则中属于"2"的重点突破产品。

3. 布局产品

布局产品是指市场潜力大，竞争不激烈，至少在两三年内不会产生利润的产品，但未来发展潜力巨大，对公司以后可能有重要影响，是公司为长远发展而进行尝试性布局的产品。对这类产品，一般会在每年的产品战略规划时重新审视。就像一个家庭中 3 ~ 5 岁的孩子，能够看出他们的潜质不错，但是未来的路还很长，可能因为环境恶劣而生病，甚至夭折。另外，这样的产品不需要公司投入太多的资源，适合采取的策略是把这些产品布局到市场上进一步磨炼，增强对环境的适应性且自然成长，在"721"原则中属于"1"的布局产品。

布局产品常常是那些还没有达到成长期的新产品或转型产品，需要继续放到适合的市场上磨炼，并随着观察它们的成长，等到符合重点突破的条件时再加大投入助其成长。

公司在年底进行产品战略规划时，常常会对有一定的竞争力，应对即将进入成长期的产品进行重点布局，实行一些销售策略，帮助其成长。

面对公司的聚焦产品、重点突破产品和布局产品这 3 种战略角色的产品，按照"721"原则建议的资源配置比例为 70% 的资源投入到聚焦产品，20% 的资源投入到重点突破产品，10% 的资源投入到布局产品。

实践表明，这是一种风险相对较低的方法。

5.2.2 判断产品的角色定位：使用战略定位分析模型

运用 SPAN 战略定位分析模型，不仅可以展现产品在市场上的当前状况，还能帮助规划人员预测该产品的未来走向。

通过 SPAN 对产品的市场吸引力和竞争地位两个维度进行分析、评估、制图，最终可以在 SPAN 图中看到各个产品的战略位置。根据产品的市场吸引力和竞争地位的大小将 SPAN 图分成六个区域，如图 5-1 所示。利用 SPAN 图可以清晰明了地掌握各产品的相对优势和劣势，方便公司采取相应的策略。

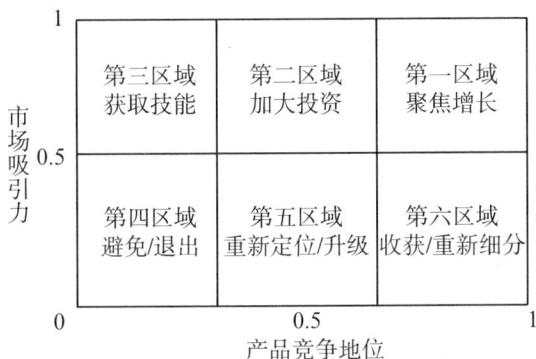

图 5-1 SPAN 战略定位分析模型

六个区域的特点和采取的策略如下。

第一区域：处在这一区域的产品具有很强的市场吸引力和很高的竞争地位，是公司的主要利润来源，也是公司发展的重要支撑项目，应该定位为聚焦产品。

聚焦产品的未来产品战略为扩大分销渠道，同时严格控制成本，以获取规模增长带来的收益。在研发方面，应当继续进行投资，完善产品系列和产品规格等结构体系，改进技术并适当增加聚焦产品的迭代升级，以建立差异化的地位。加大聚焦产品在营销方面的工作，如价格、促销、销售活动等。这些行动要充分利用公司聚焦产品的竞争地位，以便从市场中获得最大回报。

第二区域：处在第二区域的产品虽然所处市场有足够的吸引力，也就是说未来有较高的成长空间，产品的竞争优势不强但通过一段时间在市场的销售，有了一定的市场认可度和销售量。这些产品一般处于产品的成长期，虽然现在还未盈利或者盈利很低，但通过增加投入和市场宣传，未来大概率会取得市场成功，所以应该定位为重点突破产品。

重点突破产品在建立起更强的竞争地位之前，应当有选择地扩大其分销覆盖面。公司在这些产品上的主要行动是加大对生产、研发、人力等方面的投资，完成产品体系，以建立起竞争优势，还应当在市场方面采取积极措施，包括定价和促销，以获得市场份额。

第三区域：处在第三区域的产品具有较大的市场吸引力，但产品的竞争优势也较弱。它们几乎是没有利润，甚至是亏损的。处于第三区域的产品定位为布局产品。

该类产品大多是新产品，刚刚进入市场还没有得到市场的认可，处于产品的投入期，其产品的生命力大小还有待市场的进一步验证；或者是该产品处于产业的萌芽期，市场规模还没有得到开发，市场增长率比较高，产品未来的发展空间巨大，但是该产品是否适合新产业发展还需要一段时间。处于第三区域的产品需要按照产业的发展和分化规律进行布局，任其自然生长，静观其发展。如果下一步进入第二区域就定位为重点突破产品，如果进入第四区域则定位为退出市场。这就是"赛马"而非"相马"的产品生命力的评估方式。

第四区域：处在第四区域的产品不但没有吸引力，而且产品的竞争优势也较弱。它们几乎是没有利润，甚至是亏损的。该类产品应该退出市场。

退出市场的产品应该逐渐减少销售努力，大力削减这些产品的固定成本和可变成本。也就是说，应当尽量减少甚至停止支付生产费用、研发费用、营销活动和运营资本，将资源分配到其他重点突破的产品中。公司主要是从这些产品中实现利润机会，市场份额可能是次要的。

第五区域：处在第五区域的产品虽然所处市场吸引力不高，也就是说未来的成长空间有限；产品的竞争优势中等，经过一段时间的成长，有一定的市场认可度和销售量。处于第五区域的产品需要进一步分析，如果是因为产业的市场规模不大，或者产业已经到了成熟期，市场增长率较低，则说明该产品的未来成长性不高，其经营思路为减少投入，收获产品的利润。如果因为这些产品的市场定位原因导致市场吸引力不高时，则应重新进行市场细分，重新定义产品或重新定位产品的客户群、区域或渠道，加大产品的差异化或者进行产品的迭代升级，然后重新投入市场，验证产品的生命力。

第六区域：处在这一区域的产品市场吸引力较弱，但是有很强的竞争优势，市场的认可度很高。在大多数情况下，这些产品具有很高的利润，是公司的主要利润来源，所以属于聚焦产品。对于第六区域的产品，经营理念主要是收获利润或重新划分细分市场，赋予产品新的客户群定位，再者就是利用良好的竞争优势进一步扩大销售区域和渠道。其经营策略为维持其现有的分销模式。这些产品的重点是提升运作效率，包括充分发挥产能以及控制成本。对于这些产品应当限制营销活动，研发活动也应重点降低成本。这些活动的目的在于能使公司巩固其竞争地位，并且防止竞争对手进入这些细分市场。而对于那些代表公司品牌或有良好声誉的产品则进行优化升级，丰富产品系列和产品规格，赋予产品更好的成长性。

第6章
产品的不同关系与运作策略

产品的关系分为互补关系和竞争关系。企业应该明确产品之间是互补关系还是竞争关系，并采取相应的策略。如果是互补关系，需要进行有效协同；如果是竞争关系，则需要进行有效区隔，防止自己的产品之间相互竞争。这样才能形成良性的产品组合和发展梯队，形成集团军作战格局。

6.1 互补产品的协同策略

互补产品是指两种产品之间存在着某种消费依存关系，即一种产品的消费必须与另一种产品的消费相配套。一般而言，保持其他因素不变，如果一种产品 A 的价格下降会使另一种产品 B 的销售量上升，则这两种产品是互补产品。举例来说，汽车和汽油是互补品，当汽车的价格下降时，消费汽车的人将购买更多的汽车，并且也会增加对汽油的需求，从而导致汽油的价格上涨。相反，当汽车的价格上涨时，购买汽车的人将会减少，并且也会减少对汽油的需求，从而导致汽油的价格下降。

假设空气净化器滤芯的价格与需求如图 6-1 中的 D1 所示。如果零售商通过降价促销空气净化器主机，就会导致一部分原本不计划购买空气净化器主机的用户，抱着捡便宜的心态购买了空气净化器主机。这样一来，购买空气净化器主机的用户很大概率也会顺便购买一些空气净化器滤芯。所以即便空气净化器滤芯没有变化，空气净化器主机的降价依然提高了空气净化器滤芯的销量，导致需求曲线从 D1 平行移动到 D2。

所谓互补效应，是指在产品运营策略中，为了改善用户对主要地位的基础性产品的看法，往往可以通过提升辅助地位的互补品来实现出人意料的效果。 产品运营人员必须了解基础性产品与互补品之间的对应关系，认真辨识与基础性产品有重要关联的互补产品，而基础产品与互补产品之间的产品策略关系在很大程度上取决于用户的看法、消费者的认知。 一般来说，基础性产品和互补性产品之间是相互关联的，往往是一荣俱荣，一损俱损。这两类产品彼此影响，共同决定这个产品组合的市场形象以及用户的整体认知。 互补品效应随着市场需求的变化也会发生变化，且在不同的产业周期中以及不同的产业结构中也会发生不同的增效作用。

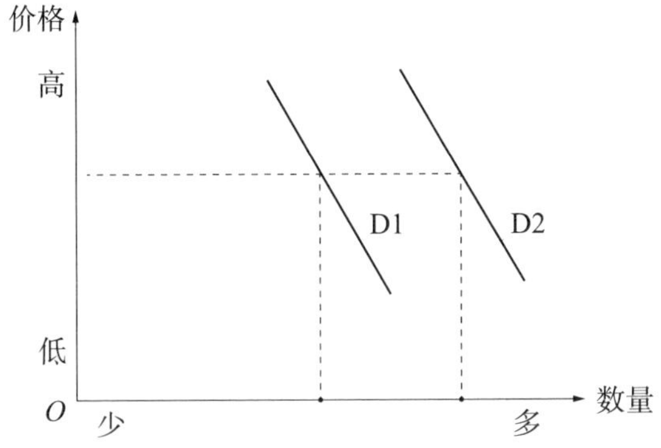

图 6-1　互补产品需求关系

6.1.1　互补产品的协同方式

互补产品的协同效应可通过构建捆绑式经营、交叉补贴、低频突破、系统锁定 4 种方式实现。

1. 捆绑式经营

以单一价格将一组不同类型但互补的产品捆绑在一起出售。例如，IBM公司在过去的许多年中，曾将计算机硬件、软件和服务支持捆绑在一起经营；微软公司将 Office 系列、IE 浏览器捆绑在 Windows 操作系统上时，采取的就是一种典型的捆绑式经营。捆绑式经营广泛地存在于商业活动中，不过人们并不总能辩识出来。例如，仅仅作为交通工具的汽车与车类的音像设备构成互补产品关系，但消费者往往将它们作为一个整体来看待；航空公司提供免费食品及行李服务时，实质上采用的也是一种捆绑式经营。

苹果公司的 iPod 和 iTunes 是把互补品效应发挥到极致的商业案例。苹果公司在 2001 年推出 iPod 时，很多人记得乔布斯在发布会上那句非常著名的广告词：把 1000 首歌放进你的口袋里。其实早期的 MP3 随身听播放器只能存储一小时的音乐，而首款 iPod 却能存储 1000 首歌，但是真正把 iPod 推向巅峰的是其背后的互补品，也就是 iTunes。虽然在硬件方面，大多数竞争者可以通过努力做到与 iPod 产品抗衡，但是当苹果公司的 iTunes 上线以后，其他竞争者就发现自己处于极大的劣势当中。

苹果公司拥有让 iPod 和电脑这些同步的 iTunes 桌面软件，还有能够廉价下载正版音乐的 iTunes 商店。这是第一个按每首歌支付费用并且下载的合法网站。用户仅需要为每首歌支付 99 美分。这些歌曲来自五大唱片公司以及数千家独立音乐人。每首歌收取 99 美分，其中 70 美分分给拥有歌曲版权的唱片公司，20 美分分给处理支付的信用卡的发卡方，苹果公司虽然承担着支付网站运营维护以及其他间接成本，但仅对每首歌留下 9 美分左右的收入。

这样一来，iTunes 迅速成为支持 iPod 这一基础产品的极为有效的互补品。推出 iTunes 音乐下载服务的三天当中，电脑用户就下载了 100 万份 iTunes 桌面软件，并且支付购买了 100 多万首歌曲。iTunes 成了全球最大的音乐商店。

在推出 iTunes 之前，苹果公司每个季度平均销售 11.3 万个 iPod；在推出 iTunes 之后，iPod 季度销售额直线上升到 73.3 万个。iPod 最终占据了美国 MP3 市场 70% 的份额，而苹果公司从此真正走上了爆炸式的增长之路。

从本质上说，乔布斯创造的互补品的协同效应，是一种与传统剃刀刀片策略逆向的商业模式，就是卖便宜刀片来拉动剃刀的销售，关键在于这里卖的是别人家的"刀片"，来自五大唱片公司的歌曲，而用户在精选之后下载一首非常喜欢的音乐，仅需 0.99 美元。而拉动自家的所谓的"剃刀"呢？一款 iPod 产品至少是 399 美元，而且 iPod 每个价位的产品往往比它的竞品都要高出 50 ～ 100 美元，但是它的市场占有率却高达 70%。

2. 交叉补贴

产品交叉补贴是通过将基础产品和盈利产品进行组合，产品间转移利润，实现整体盈利的商业策略。

在剃须刀与剃须刀片的这种涉及互补产品的战略中就用到这样的策略。将剃须刀以成本价或接近成本价的价格出售，目的是促使顾客在将来购买更多的、利润更高的替换刀片。

3. 低频突破

从客户的实际需要着手，通过降低客户成本（如时间、金钱、精力等），增加客户在消费中获得的价值，将这样一组互补性的产品组合起来，为顾客提供产品"套餐"，就可以达到吸引顾客、增加利润的目的。

案例分享

宜家是全球最大的家具供应商，每年有10亿顾客光临。一提到宜家，人们不仅会想起北欧风格的简约自然的家具，还会不自觉地想起宜家餐厅及其结账区外的食品专卖商店。

去过宜家餐厅的用户都有印象，宜家的肉丸和冰淇淋是必点的镇店之宝。肉丸是瑞典的特色食品，但宜家针对不同地域的消费者研发出了蔬菜丸、鸡肉丸等多种产品，以至于如今的消费者更喜欢把它称之为叫宜家肉丸而不是瑞典肉丸。冰淇淋之所以成为宜家餐厅的营销利器，关键在于它是市场上单价最便宜的冰淇淋。

宜家餐厅和宜家家具之间存在着广义上的互补效应。大家都有这样的认识，家具城一般都会开在距离市中心偏远的地方，理由非常简单，租金便宜，宜家也不例外。比如说在上海的北蔡镇，由于租金便宜，宜家就可以摆放更大规模的品类更齐全的家具，还会提供免费的停车场。但是由于远离市中心，周边配套设施肯定不完善。

此外，选购家具非常耗时间，大家很可能都有过饿着肚子买家具的经历。宜家的创始人在最初做生意的时候就提出来：饿着肚子促不成好生意。宜家餐厅就是在这个特定时间和特定地点满足了用户的需求。

再则，家具的消费频次较低，如何才能吸引顾客频繁地光顾宜家呢？

在用户心目中，宜家餐厅已然变成了极具影响的连锁餐饮，再加上食品专卖商店，导致了有大约三分之一顾客是专门来宜家用餐，顺便光顾宜家家居的。细心的顾客还会发现宜家家居的用户动线设计很有特点，一般会从停车场引导用户先走过一段宜家家居的购物路线，才能抵达宜家餐厅。而在这段步行当中，用户就会不自觉地被沿途的产品所吸引，停下来欣赏和选择宜家家具，购物欲望与支付意愿也就自然而然形成了。

宜家是从用户需求出发，把貌似没有直接依存的家具和餐饮巧妙地关联在了一起。这种把原来低频的家具生意用高频的餐饮生意来带动的产品策略就是互补效应，即通过餐饮这样的高频消费带动了相对低频的家具消费。有时候副业做得越有特色，越有吸引力，与之关联的主业就会越成功。

4. 系统锁定

实施系统锁定战略的要义在于，如何联合互补产品厂商一道锁定客户，并把竞争对手挡在门外，最终达到控制行业标准的最高境界。微软是最典型的例子。80%～90%的个人电脑软件商都是基于微软的操作系统。作为一个客户，假如你想使用大部分的应用软件，就得购买微软的产品。作为一家应用软件厂商，假如你想让90%的顾客能够使用你的软件，就得把软件设计得和微软的操作系统相匹配。

6.1.2　互补产品协同战略的实施

互补产品特点：

（1）它们在买方心目中被联系在一起或可以被联系在一起；

（2）它们对彼此的竞争地位有显著的影响。

找出具有战略重要性的互补产品要求战略决策者具有良好的判断能力。互补产品的战略重要性随着产业演变阶段、产业结构及消费者消费的理性程度的变化而变化。

实施正确的互补产品协同战略必须注重解决好以下 4 个主要问题。

1. 正确、全面地理解互补产品和互补者

互补者就是消费者可从他那里购买互补产品或者供给商可将互补资源售予他的那些参与人。互补者与互补产品从来是相对而言的，同一产品针对不同的主体、同一主体不同的目的，可能会有不同的互补者和互补产品。水乡四周的山庄和旅社，对普通的旅游者来说，可能是竞品之间的关系，而对比较专业的游客来说，山庄可能是旅社的互补产品。

互补者和互补产品的相对性还表现在互补者可能是供给商，也可能是顾客，甚至是同业竞争者，还可能彼此之间不直接发生商业上的联系。例如，美国航空公司和联合航空公司尽管是同业竞争者，对乘客而言它们是替代者，但当它们决定更新机队时则成了互补者。这是因为飞机制造商波音公司只有在有相当多的航空公司购买一种新机型时，才能弥补设计这种机型的成本。当某个航空公司能有效地资助其他航空公司购买飞机时，二者就构成了互补者。

2. 明确本企业产品的互补产品并辨别具有战略重要性的互补产品

互补产品和互补者的相对性给我们一个有益的启示，即某一特定产品可能有许多的互补产品与之对应。因此，以开阔的眼界去搜寻企业产品的各种互补产品就成了我们确立互补产品协同战略时必须完成的首要任务。既然任何产品都有数量可观的潜在互补产品，那么把那些具有战略重要性的互补产品和那些不具有战略重要性的互补产品区分开来就显得非常必要了。

假如一个产品与其互补产品都处在成熟的市场上，那么在消费者理性程度较高的情况下，厂家强化消费者对互补产品之间的联系的熟悉工作则相对较难，因而这两种产品往往很难建立起战略重要性。

例如，对洗衣者来说，洗衣机与洗衣粉是典型的互补产品。但在今天的市场上，它们是具有战略重要性的互补产品吗？某个企业生产的洗衣机与另一个企业生产的洗衣粉不具有战略重要性，它们之间的联系并不紧密。今天的消费者对洗衣机与洗衣粉都有自己独立的品牌偏好。这时候，厂家推荐的 A 牌洗衣机与 a 牌洗衣粉组合的方案就不一定能奏效了。再如，在一个尚未发育成熟的市场中，对产品信息了解不多的消费者占了绝大多数。这时，企业易通过广告宣传等方式强化消费者对互补产品联系的主观感知，从而可能确立互补产品之间的战略重要性；反之，在一个拥有较充分的产品信息的消费者占绝大多数的成熟市场中，互补产品之间的紧密联系则较难建立。

3. 辩证地看待本企业产品与互补产品之间的关系

在产业竞争的不同阶段，应根据同业竞争者、供给商、顾客、替代者、互补者等竞争力量的对比情况，选择适宜的互补品战略。常见的一种错误观点是将互补者、互补产品仅仅视为朋友。这种看问题的角度忽略了它的对称性，尽管有显而易见的合作性因素作用于互补者，但同时还会有一个竞争性因素作用于互补者。当企业与其互补者聚在一起共同创造价值的时候，它们之间的关系是合作关系；当它们开始分配新增价值的时候，它们之间的关系是竞争关系。在任何时空环境下，创造价值与分配价值都是一枚硬币的两面。

当产业迅速增长时，新增价值迅速增大，企业与互补者关注的焦点往往是"做大蛋糕"，这时合作性的一面表现得较为明显。当产业增长速度减缓时，互补的双方则侧重于得到"蛋糕"中的较大份额，彼此竞争的一面则会暴露无遗。

考虑互补产品之间的共存共荣关系，在互补产品所在产业发展程度不高的情况下，企业需要自己提供互补产品或者支持其他企业生产互补产品。例如，A 公司拥有一项下一代音像游戏所需的 32 比特光盘只读存储器硬件及软件技术。为了销售软件，在早期硬件不能应用更多软件的情况下，A 公司的战略是出让生产硬件技术的许可证。这一行动吸引了多家公司的参与。众多厂商的进入使得硬件生产者被迫进行价格竞争，从而降低了硬件这一互补产品的价格。另外，A 公司发现要使市场产生购买动力，硬件必须在成本价以下出售，而硬件生产者是不会这样做的。于是，作为一项吸引措施，现在当每台机器售出后，A 公司就给予它们两股自己公司的股票。A 公司的策略有效地增加了顾客对硬件的购买，从而使软件产品有了更好的销路。

4. 创造竞争

在互补产品市场创造竞争是互补产品战略的另一个重要方面。增加互补产品产业中厂商的数量是提高本企业对互补产品控制能力和谈判能力的一种有效途径，其中的一种情况就是企业自己进入互补产品产业。企业在发展初期，由于剩余资源的数量限制，往往无力以多元化经营的方式进入互补产品产业。但当企业确立了在本产业中的优势地位，拥有较充分的剩余资源时，为了追求更高的利润，企业可以考虑自身进入互补产品产业的问题。微软向应用软件业的渗透、微软的 IE 向网景公司的网景浏览器发出挑战，本质上都是微软自身开始生产互补产品并向互补产品产业索取新增价值。所以，企业的互补产品协同经营，可以点亮企业的新产业竞争。

企业竞争的大突破，在于全面挖掘互补产品的新价值，以品牌战略指引产品品牌营销策划创新，以全渠道品牌策划传播刷新品牌形象，以数字品牌营销策划创新激发"互补产品大创造"。新的互补产品，贵在以"新蓝海"创造互补式消费，以"一站式满足"提升用户体验效率，同时以严格控制成本拉升"成本价值"。

欲实现产品互补增效，可以将总价高的产品拆成一高一低，由低价产品带动销量进而带动高价产品；可以用基础性产品带动一个增值互补产品；也可以向宜家学习，用高频的餐饮带动低频的家具销售。

🔧 6.2　竞争产品的价格策略与区隔策略

产品竞争是指两种产品存在相互竞争的销售关系，即一种产品销售的增加会减少另一种产品的潜在销售量，反之亦然，如牛肉和羊肉。互竞产品与互补产品是相互对立的概念。

6.2.1　竞争产品的价格策略

竞争产品价格策略是指营销企业有意识地科学设计本企业竞争关系产品间的价格比例，用以实现某种营销目标。

对于具有竞争关系的产品，降低一种产品的价格，不仅会使该产品的销售量增加，还会同时降低竞争产品的销售量。企业可以利用这种效应调整产品结构。如企业为了把需求转移到某些产品上去，可以提高那些准备淘汰并有竞争关系的产品价格，或者用相对价格诱导需求，以牺牲某一品种为代价，稳定和发展另一些品种。企业也可以利用这种互竞产品效应，提高某一知名产品的价格，突出它的豪华、高档，创造一种声望，从而利用其在消费者心目中的良好形象而增加其他型号产品的销售量。

案例分享

有一家专门经营电子玩具的商店，新引进两种不同型号、质量相差无几、价格一样的电子游戏机，可摆在柜台上却很少有人光顾。

该店新上任的女经理便在标价上出了个主意。她把型号小的那种游戏机的标价，从80元提升到160元，而型号较大的游戏机的标价却维持不变，还是80元。

俗话说："百货送百客。"有人看到型号又大、价格又便宜的游戏机并不比标价高的那种质量差，以为捡到了便宜，机会难得，便毫不犹豫将其买下。一些有派头的人，看到型号小、价格反比型号大的游戏机的价格高出80元，以为遇到了"真货"，也"慷慨解囊"，趁游戏机盛行之时，买回去送给儿子。很快，几千台两种型号的游戏机被抢购一空。

本来是竞争关系的两款游戏机，在经理有意提高型号小的游戏机的价格后，使两种游戏机的价格形成强烈的反差，反而引起不同顾客的购买欲望和需求，从而收到了良好的促销效果。

6.2.2　竞争产品的区隔策略

两个产品之间如果存在竞争关系，就会争夺有限的消费者购买力。企业除了价格策略，还有哪些方法把存在竞争关系的产品进行有效区隔呢？

一般可从区域、渠道、剂型、包装、细分市场方面进行科学区隔，达到竞争产品的有效组合，使产品形成集团军协同作战能力，提升产品之间的竞争力，具体如图6-2所示。

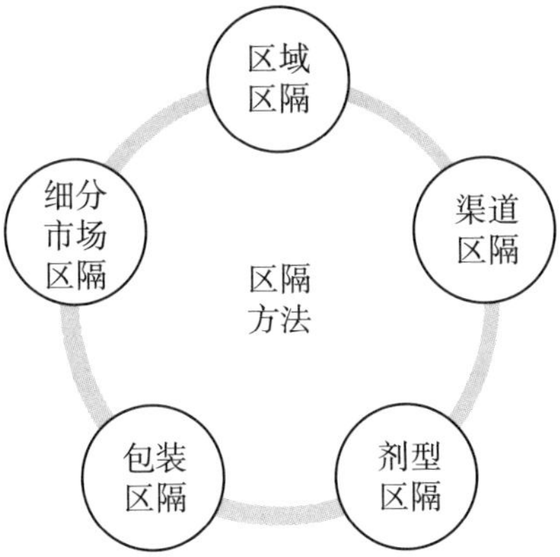

图 6-2　竞争关系产品的区隔维度

1. 区域区隔

区域区隔就是为了防止或减小产品之间的竞争，把有竞争关系的产品中的其中一个产品投放到某一个或一些特定区域进行销售，其他地区不得销售这一产品。也就是某个产品专供某个区域，但是其他区域买不到这个规格或者包装的产品。

专供制度也适用于针对不同的大区，甚至细化到区级市，结合地区消费者的喜好和市场特性量身定做的产品，并且把产品主导权和市场控制权下放给区域经销商，由他们控制市场节奏和产品流向，激发他们的积极性和市场号召力，打造区域特色市场。对企业而言，就是针对某一地区消费者特殊的消费习惯和需求，专门开发相应的产品。

2. 渠道区隔

为了防止竞争关系的产品相互之间进行竞争，削弱产品的竞争力，企业会根据产品销售渠道特点，进行渠道区隔，也就是对渠道进行细分，把产品进行改造后只能放到某个渠道进行销售，其他渠道不能销售该产品，以此防止自己产品间的相互竞争。

比如，多年以来，可口可乐公司一直采取分渠道运作的通路模式，并于近年开始向农村终端挺进，意在渠道下沉，从农村市场分一杯羹，但不可回避的问题是，如果价格设定不当，也会导致产品之间的"自相残杀"。因此，科学、合理的价格设定至关重要。

那么，分渠道运作怎样解决价格与渠道的矛盾，价格又该怎样定呢？

要解决渠道和价格的矛盾，避免渠道间的价格"碰车"现象，就必须将渠道进行细分和定位。只有明确了渠道的定位与定性，"一个萝卜一个坑"地导入不同的产品，然后"分而治之"，渠道之间才能相安无事。相互竞争关系的产品在不同渠道导入的关键是需要予以价格很好的设定和控制。但随着市场的不断细分，产品也必将细分。因此，不同渠道切入不同型号或款式的产品，将是未来市场运作的趋势。

3. 剂型区隔

剂型区隔是指企业为了防止自己有相互竞争关系的产品在市场中相互竞争，把其中一个产品设计制作成特定剂型的产品，以区别其他有竞争关系的产品，从而满足消费者某一个特殊需求或销售的策略，形成产品组合，提升产品的协同作战能力。

例如随着母婴行业营养品市场的细分化，营养品剂型也越来越多。从性状上来讲，营养品的剂型可分为固体型（如粉剂、片剂、胶囊等），以及液体型（如滴剂和口服液等）。有的营养品和药品剂型相似，如胶囊、药片剂等，有的则更倾向于食品状态，如粉剂、凝胶软糖等。

市面上这么多的剂型，不同剂型各自有一些优点与不足，不同人群喜欢的剂型也不同。企业可研究消费者的消费体验，设计制作多种剂型区隔相互竞争的产品。

营养品剂型的选择有以下两方面因素需要关注。

一是考虑营养品本身的营养性质，选择最合适的形式。例如，油类、高活性等营养物质可以选择胶囊剂型，密封性强，携带方便，而复合维生素更适合片剂或粉剂，混合更加均匀。此外，还要根据剂型原材、吸收效果、刺激大小、存储条件、携带方便等去选择。

二是从食用者角度出发，适合的才是最好的。比如给小宝宝吃的，更多考虑吞咽能力；给孩子吃的，要更多考虑安全、口味甚至产品包装等；给成人吃的，更多考虑产品的有效成分和产品性价比等。

4. 包装区隔

包装区隔是指为了防止企业自己有竞争关系的产品在市场中相互竞争，

把其中一个特定型号的产品采用特殊包装、规格或特殊标志。一般而言，包装策略有以下几种。

（1）附赠品包装策略，根据顾客购买产品的价位赠与相应的优惠券。附优惠券包装是一种便宜的分送优惠券的方法。这是刺激消费者连续采购该产品的有效方法。在消费者使用该优惠券采购前，投入成本很少。

（2）分等级包装策略，即对同一产品的不同等级采用不同的包装。作为这一策略的扩展，企业把所有产品按品种和等级采用不同的包装，如分为精品包装和普通包装。这种策略能突出产品的特点，与产品的质量和价值协调一致，并满足不同购买水平的消费者的需求。

5. 细分市场区隔

如果一个公司的产品比较多，有些产品是互补关系，有些产品是竞争关系。在第二种情况下，一种是真正的竞争关系，那是怎么进行区隔的问题，而另一种则是假的竞争关系。所以，看似有竞争关系的产品需要认真科学地分析和规划，评估产品之间是否真的是竞争关系。不少人对产品的竞争关系认识和评估有些偏差，这对产品定位和产品规划策略影响很大。

比如一家图书销售公司，有1000多种图书产品，他们把同类书都视为竞争关系。例如将《最强大脑》《超级大脑》《最佳侦探》三本书视为竞争关系的单品。理由是一些家长买了《最强大脑》就不买《超级大脑》了。但实际上这是假的竞争关系。问题出现在没有针对产品特点进行市场细分，或者是客户定位不准确或模糊。

如果再进一步细分客户群并精确定位，看似竞争关系的产品变为了互补关系的产品，细分方式如图6-3所示。

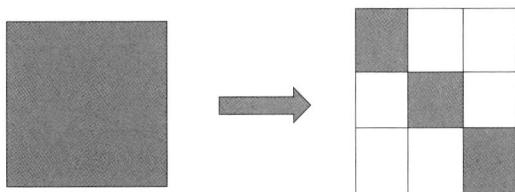

图6-3　产品细分模式

比如，5～6岁孩子适合学习《最强大脑》，7～8岁的孩子适合学习《超级大脑》，十几岁的孩子在看完前两本书后再看《最佳侦探》；或者设计定位成初学者应该学习《最强大脑》，晋级后再学习《超级大脑》，最高级学习《最佳侦探》。通过细分市场和重新定位产品的方法，把看似竞争关系的产品演变成了互补关系的产品。

如果以上三本书被定义为智力开发类书则可能是相互竞争关系；如果进行市场进一步细分，把《最强大脑》《超级大脑》《最佳侦探》分别定义为智力开发类的初级、中级、高级三本书时，这三本书就是互补关系的产品了。

一个公司应该系统梳理产品之间的关系，为真正具有竞争关系的产品制定合理的区隔策略，对假的竞争产品关系进行客户细分，重新进行产品客户定位，在公司内形成共识后，再向客户宣传清楚。只有自己真正清楚了，客户才能清楚，从而取得产品协同效果。

第二篇
产品战略规划

公司没有产品规划，潜力再大的产品也可能夭折，不易形成良好的产品梯队，更难形成持久竞争力。

销售区域没有产品规划就像断了线的风筝，区域与公司之间难以形成合力。

单个产品没有规划，就像荒漠中的一棵树苗，没有园丁浇灌、施肥、修剪等精心呵护，难成参天大树。

第7章
公司级产品战略规划

7.1 公司级产品战略规划概述

公司级产品战略规划是产品战略规划的基准，是产品线战略、区域战略和主要产品发展规划的纲领。它运用严格、规范的方法，对公司产品的市场发展趋势、客户需求、竞争环境、产品结构合理性进行分析；参考公司的愿景和目标，对公司各项目（产品线、产品、销售区域和渠道）制定未来的发展战略。良好的公司级产品战略规划将有利于下一级别规划的准确性和执行性，可以为公司产品的发展指引方向，是公司产品运行的参考标准。

7.1.1 公司级产品战略规划内容

公司级产品战略规划是从公司的角度，对公司产品的各项内容进行详细分析并进行战略性规划，主要包括以下内容：

（1）明确公司产品所处行业的现状、发展趋势和竞争对手的状况；

（2）建立公司的产品地图，分析公司产品结构的合理性；

（3）规划产品线 / 产品的"721"原则，明确聚焦产品线 / 产品、突破产品线 / 产品和布局产品线 / 产品，确定不同产品线的发展途径和销售模式；

（4）规划销售区域的"721"原则，明确聚焦区域、突破区域和布局区域，确定不同区域的发展途径和销售模式；

（5）规划销售渠道的"721"原则，明确聚焦渠道、突破渠道和布局渠道，确定不同渠道的发展途径。

7.1.2 公司级产品战略规划流程

公司级产品战略规划流程分六个步骤对产品进行规划。规划人员可参考相应步骤需求搜集资料、分析市场和产品，并运用科学的方法对公司级产品进行战略规划。

第一步：产品市场和产品竞争分析。利用营销部、市场部、销售部提供的资料对公司产品的外部环境进行分析。产品市场分析是从行业特征、行业发展趋势和消费者需求三个方面进行分析；产品竞争分析是从行业竞争"五力"、竞争对手市场行为、与竞争对手能力比较三个方面进行分析。通过产品市场和产品竞争分析，我们将了解产品市场的机会和威胁。

第二步：产品结构分析。它是从公司的产品线、销售区域、销售渠道三个方面进行分析。产品线分析是从贡献度、成长性和战略定位角度分析，销售区域主要是利用区域定级模型对公司产品区域进行分析，销售渠道是利用渠道定级模型对公司产品渠道进行分析。通过分析，了解产品自身状况的优势（Strengths）与劣势（Weaknesses），结合第一步分析的产品市场的机会（Opportunities）与威胁（Threats），输出产品的 SWOT 分析。

第三步：明确公司战略目标。通过公司所在行业市场的竞争分析、公司产品分析，并参考公司愿景、使命，制定公司产品的战略目标，包括长期、中期和短期三个阶段。这三个阶段目标将指导规划人员对公司产品线、产品、区域和渠道进行战略规划。

第四步：产品线战略规划。对公司所有的产品线进行规划，包括产品线"721"原则、产品线的目标细分、发展途径和销售模式四个方面。

第五步：销售区域战略规划。对公司产品的所有销售区域进行规划，包括销售区域"721"原则、销售区域的目标细分、发展途径和销售模式四个方面。

第六步：销售渠道战略规划。对公司产品的所有销售渠道进行规划，包括销售渠道"721"原则、销售渠道的目标细分、发展途径和销售模式四个方面。

7.1.3　公司级产品战略规划作用

公司级产品战略规划是产品战略规划的第一步，是公司产品最高层次的战略规划。它为公司提供了一个具有宏观性、方向性、指导性的决策依据，避免规划的盲目性。它提纲挈领，对公司产品战略规划发挥着重要的作用，主要体现在如下几个方面。

1. 为实现公司愿景提供战略途径

面对公司的愿景，我们必须确定公司发展途径。公司级产品战略规划首先分析了市场和竞争环境，明确产品的细分市场，使公司产品能够更好地满足细分市场中消费者的需求，通过提高公司产品对消费细分市场的满意度来完成公司的愿景。

2. 促进公司有节奏地稳步发展

参照公司愿景，通过对公司产品各方面的分析，确定企业发展的近期、中期、远期目标，对企业的发展进行阶段性指导，突出各阶段工作的重点，使企业能够更好地适应市场变化，避免发展中的大起大落，实现企业可持续健康发展。同时，它也能提高企业凝聚力，使员工自觉融入企业的发展目标中。

3. 提供产品规划的总方针

它是从公司产品全局出发，因此产品线、区域产品、产品渠道的战略规划都必须参照公司级产品战略规划方案，保持公司产品规划的上下一致，即为局部规划提供标准性参考依据。

4. 提高企业的抗风险能力，有效化解市场风险

"不要将所有的鸡蛋放在一个篮子里"的古老投资格言形象地指引了公司的资源配置。因此，在发展聚焦项目的同时，对部分项目进行突破和布局，促进公司多元化发展和新区域的项目拓展。这部分项目可作为对聚焦项目承担风险和吸收损失的渠道，分散风险，从而增强整个公司的风险控制能力。

5. 增强公司的品牌优势

公司级产品战略规划并非"眉毛胡子一把抓"，而是重点关注聚焦业务，为其分配更多的人力、物力、资金、技术等资源，将其做强做大。

7.2　公司级产品分析

企业与外部环境共同形成一个大系统，两者必须相互配合，才能产生系统效应。从企业角度来看，外部环境是企业不能控制的客观条件，时刻处于变动之中，但是我们可以掌握它的基本状况。企业必须根据外部环境对自身系统进行调整，在适应外部环境变化的同时巩固自己的地位，发展自己的市场。正像生态学中生物体与外界环境的关系一样，遵循优胜劣汰、适者生存的原则。

公司级产品分析就是运用相关理论和工具从产品外部环境和自身状况两个角度进行分析。外部环境分析是从产品市场和竞争情况两方面进行分析；产品自身情况分析是从产品结构、销售区域和销售渠道三个方面进行分析。分析结果可以帮助规划人员找到公司产品市场的机会和威胁、自身优势与劣势。

7.2.1　产品市场分析

公司级产品市场分析是根据相关市场调查资料与数据，运用专业经济知识和统计方法明确公司所处行业的特征、发展趋势和消费者需求，为公司产品规划提供一个市场范围与需求空间。

1. 行业特征分析

行业分析是公司产品分析的前提，行业特征是决定公司是否具有投资价值的重要因素之一。如果直接进行企业产品分析，会影响我们对产品未来发展的预测，因为我们不知道公司所在行业的发展现状和公司在整个行业中的位置。

（1）行业市场类型。

随着行业中企业数量、产品性质、价格制定和其他因素的变化，行业的经济结构呈现不同的特征。根据行业的经济结构，可将行业基本上分为4种市场类型，即完全竞争、垄断竞争、寡头垄断和完全垄断，如表7–1所示。

表 7-1　4 种市场类型

市场类型	定义	特点
完全竞争	该行业中有很多独立生产者，他们都以相同的方式向市场提供同质产品	（1）企业是价格的接受者，而不是价格的制定者，也就是说企业不能够影响产品的价格 （2）所有企业向市场提供的产品基本上是同质的、无差别的 （3）生产者众多，所有资源可以自由流动 （4）企业的盈利基本上是由市场对产品的需求决定的 （5）生产者和消费者对市场完全了解，可随意进入/退出行业
垄断竞争	一个行业中有许多企业生产同一种类但具有明显差别的产品	（1）企业生产的产品同种不同质，即产品基本相似，但在质量、商标、包装、大小以及卖者的服务态度、信用等方面存在一定的差别 （2）从某种程度上说，企业对自身产品的价格有一定的控制能力，是价格的制定者 （3）生产者众多，所有资源可以流动，进入该行业比较容易 （4）在国民经济各产业中，大多数生产成品的市场类型都属于这种类型
寡头垄断	一个行业中少数几家大企业（称为"寡头"）控制了绝大部分的市场需求量	（1）企业为数不多，且相互影响与依存。因此，每个企业的经营方式和竞争策略都会对其他几家企业产生重要影响 （2）产品差别可有可无，当产品无差别时称为纯粹寡头垄断，当产品有差别时称为差别寡头垄断 （3）生产者较少，进入该行业十分困难 （4）寡头垄断在现实中是普遍存在的，资本密集型、技术密集型行业，如汽车行业、石油行业以及少数储量集中的矿产品等产品市场，多属这种类型。生产所需的巨额投资、复杂技术或产品储量分布成为限制新企业进入寡头垄断型行业的主要障碍
完全垄断	一个行业中只有一家企业生产某种特质产品特质产品是指没有或基本没有其他替代品的产品	（1）一个行业仅有一个企业，也就是说这个垄断企业就构成了一个行业，其他企业进入这个行业几乎是不可能的 （2）产品没有或缺少合适的替代品，因此垄断企业能够根据市场的供需情况制定理想的价格和产量，在高价少销和低价多销之间进行选择，以获取最大利润 （3）垄断者的自由性是有限度的，要受到政府管制和反垄断法的约束 （4）在现实经济生活中，公用事业（如铁路、煤气公司、自来水公司和邮电通信等）和某些资本、技术高度密集型行业或稀有金属矿藏的开采等行业属于这种完全垄断的市场类型

我们可以看出，如果按照经济效益的高低和产量的大小排列，上述4种市场类型依次为完全竞争、垄断竞争、寡头垄断和完全垄断，而按照价格的高低和可能获得的利润的大小排列，则次序正好相反，即依次为完全垄断、寡头垄断、垄断竞争和完全竞争。

（2）行业经济周期分析。

各行业变动时，往往呈现出明显的、可测的增长或衰退的格局。根据这些变动与国民经济总体周期变动的密切程度不同，可以将行业分为增长型行业、周期型行业和防御型行业，如表7-2所示。

表7-2　行业按经济周期运动形态分类

行业周期类型	特点	图形
增长型行业	（1）增长型行业的运动形态与经济活动总水平的周期及其振幅无关，其收入增长的速率与经济周期的变动不会出现同步影响 （2）这些行业主要依靠技术的进步、新产品的推出及更优质的服务来使其经常呈现出增长形态	
周期型行业	（1）周期型行业的运动形态直接与经济周期相关，当经济处于上升时期这些行业会紧随其扩张，当经济衰退时这些行业相应衰落 （2）当经济上升时，对这些行业相关产品的购买会相应增加； （3）消费品业、耐用品制造业及其他需求弹性较高的行业，就属于典型的周期型行业	
防御型行业	防御型行业运动形态因其产业的产品需求相对稳定，不受经济周期处于衰退阶段的影响。相反，当经济衰退时，防御型行业或许会有实际增长，例如食品业和公用事业，正因为如此，投资者对防御型行业的投资属于收入投资	

（3）行业生命周期分析。

一般而言，每个行业都要经历一个由成长到衰退的发展演变过程，这个过程被称为行业的生命周期。行业的生命周期通常可分为 4 个阶段，即初创阶段、成长阶段、成熟阶段和衰退阶段，如图 7-1 所示。

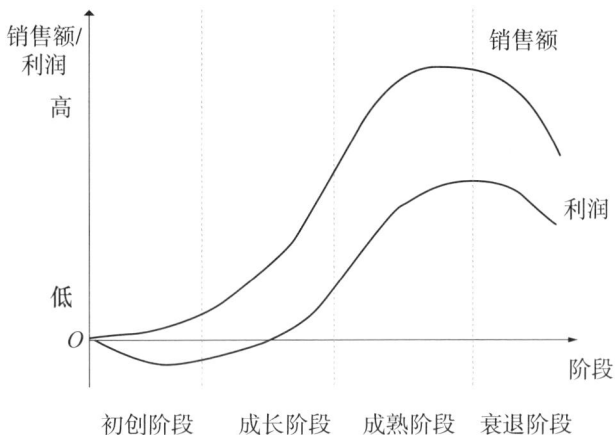

图 7-1　行业生命周期

每个阶段都有不同的表现特点，识别行业生命周期所处阶段的主要指标有市场增长率、需求增长率、产品品种、竞争者数量、进入壁垒及退出壁垒、技术变革、用户购买行为等，如表 7-3 所示。

表 7-3　行业的生命周期分析

生命周期阶段	说明
初创阶段	这一时期的产品设计尚未成熟，行业利润率较低，市场增长率较高，需求增长较快，技术变动较大，行业中的企业主要致力于开辟新用户、占领市场，但此时技术上有很大的不确定性，在产品、市场、服务等策略上有很大的余地，对行业特点、竞争状况、用户特点等方面的信息掌握不多，企业进入壁垒较低
成长阶段	这一时期的市场增长率很高，需求高速增长，技术渐趋定型，行业特点、行业竞争状况及用户特点已比较明朗，企业进入壁垒低，产品品种及竞争者数量增多
成熟阶段	这是一个相对较长的时期，此时市场增长率、需求增长率不高，技术上已经成熟，行业特点、行业竞争状况及用户特点非常清楚和稳定，买方市场形成，行业盈利能力下降，新产品和产品的新用途开发更为困难，行业进入壁垒很高

续表

生命周期阶段	说明
衰退阶段	这一时期的行业生产能力会出现过剩现象，技术被模仿后出现的大量替代产品充斥市场，产品的销售量开始下降，导致市场增长率严重下降，需求下降，利润下降，产品品种及竞争者数目减少

通过对行业市场类型、经济周期运动形态和生命周期的分析、判断，可以初步判定该行业这一时期盈利水平的高低、经营的稳定状况等特征，从而对后续的产品市场分析、规划确定起指导作用。

2.行业发展趋势分析

行业发展趋势是建立在目前行业发展状况的基础上，对行业未来发展走向的一种预测。从行业历年经营状况、行业成长性、行业安全性和行业发展驱动力4个方面进行分析。

（1）行业历年经营状况。

行业历年经营状况是分析该行业在某区域入市以来在销售额、利润等方面的表现情况，通过各项目数据统计，可以将结果呈现在如图7-2所示的图中，横轴表示年份，纵轴表示销售额。

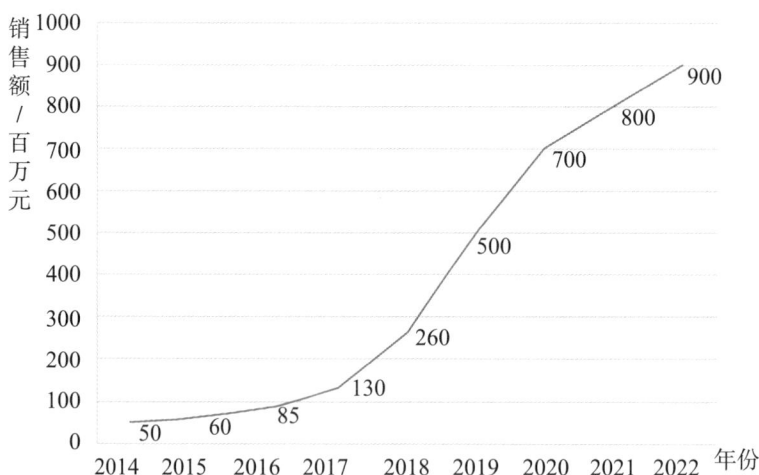

图7-2 行业历年经营状况示例

（2）行业成长性。

行业成长性是指行业在一定时期内经营能力的发展状况。它是衡量行业发展速度与稳定性的重要指标，可利用总资产增长率、固定资产增长率、主营业务增长率、主营利润增长率和净利润增长率等指标进行评价。

其中最重要的参考指标是主营业务年度增长率。整合公司 3 年以上的财报，主营业务年收入平均增长率连续稳定在 50% 以上的属于高速发展，30% ～ 50% 属于快速增长，10% ～ 20% 属于稳定增长，10% 以下的属于缓慢增长，当然还有负增长。一般而言，新兴行业的增长率比传统行业高，而传统行业的增长稳定性要比新兴行业好。

（3）行业安全性。

行业安全性是指行业的风险抵御能力。安全性在经济不景气时的影响会非常大，例如经济危机。判断行业安全性，有以下 4 个指标，如表 7-4 所示。

表 7-4　行业安全性评价指标

评价指标	说明
行业企业数量占行业总体规模比例	例如，A 行业，年市场规模是 1000 亿元，整个市场大概有 100 万家企业，平均下来每家的营业规模是 10 万元；B 行业，年市场规模是 100 亿元，整个市场有 100 家企业，平均每家的营业额是 1 亿元。显然，B 行业的公司有更强的抗风险能力
行业增长率的稳定性	增长性波动越大，安全性越低，遇到不景气的市场环境就容易破产、裁员等
行业集中度	指某行业的相关市场内前几家企业所占市场份额的总量。行业集中度低，行业的竞争就激烈，优胜劣汰经常发生；行业集中度高，行业比较稳定
行业社会评价和政策	没有群众基础的行业和被政策限制的行业是没有安全感的行业

（4）行业发展驱动力。

行业发展的驱动力是指能促使行业向前发展的力量，具体体现在行业需求、行业供给、成本、技术、政策等方面。每一个驱动力有若干个驱动因素，具体内容如图 7-3 所示。

图 7-3　行业发展驱动力分析

公司可以根据不同行业分析其驱动力，明确驱动因素。关注重点驱动力，可以为公司的发展创造有利条件，促进行业与公司的快速发展。

3.消费者的需求分析

消费者是使用产品、消耗产品的人，是公司产品的最终接受者。每个公司都希望拥有一定数量的消费者来购买公司产品，因此公司需要了解消费者对此类产品的需求，从中找到吸引消费者的方法。

进行消费者需求分析时，首先要对公司产品市场进行细分。针对公司的各细分市场，再分析不同细分市场里消费群的需求，可以从价格、可获得性、性能、包装等方面进行分析，详细需求内容如表 7-5 所示。

表 7-5　消费者对产品的需求

需求	说明
价格	消费者对于他们获得的合格产品或服务所愿意支付的价格
可获得性	消费者的购买体验：更容易、更有效
性能	消费者期望的产品性能和功能
包装	对产品质量、性能、外观的一种主观视觉属性
易用性	产品或服务易于使用方面的属性
保证	一般用于代表可靠、安全、品质
时间	消费者购买或使用产品 / 服务的喜好时间
社会接受程度	品牌、第三方专家的观点和意见、咨询顾问的观点、形象、行业标准、规章制度、社会提案、法律关系等

7.2.2　产品竞争分析

同行业企业在生产经营活动中会提供同类产品 / 服务。企业为取得较好的产销条件，获得更多的市场资源，实现自身的经济利益和既定目标而不断与其他企业进行角逐，因此同行业企业间发生竞争一般是不可避免的。企业在经营活动中，必须一只眼睛盯着消费者，另一只眼睛盯着竞争对手。下面我们将进行公司级产品竞争分析，主要是明确本行业竞争对手、分析竞争对手的市场行为、本公司与竞争对手重要经济指标比较 3 个方面。

1. 竞争的"五力"分析

竞争分析可以借鉴波特的"五力"竞争模型，它从行业参与者的角度勾勒出一个行业的轮廓。这些参与者对行业的发展具有不同的作用力，分别为业内竞争对手的竞争、替代产品 / 服务的威胁、新进入者的威胁、供应商议价能力、购买者议价能力。波特认为，竞争战略的制定必须基于对这些竞争规则的深刻理解，开发竞争战略的终极目标应影响或改变这些因素，使之有利于组织发展。那么，我们来分析每种作用力的范围，如表 7-6 所示。

表 7-6　"五力"内容及其作用范围

内容	作用范围
业内竞争对手的竞争	这是五个力量中最大的影响力，它主要由以下几个因素决定： （1）市场增长率，高市场增长率将会降低竞争的激烈程度，因为一个企业销售额的增长并不会以竞争对手销售额的减少为代价，因而可减少遭竞争对手报复的可能 （2）成本结构，如果固定成本结构较高，那么在市场需求不旺盛时，容易发生市场份额争夺战以保证合理的市场容量 （3）壁垒的退出，通常低利润率的企业仍然留在行业中主要有几个理由，包括资产的专业性较强、退出的固定成本、感情依赖、政府的限制以及在企业的战略规划中其产品市场地位仍然重要 （4）转换成本，消费者从一个产品或服务的提供者转向另一个提供者时所产生的一次性成本，鉴于产品价格问题，大众产品的转换率较高，容易导致企业对市场份额 / 容量的争夺；相反，产品差别化将确保现有消费者的忠诚度 （5）多元化，如果行业中存在着大量规模和竞争位置都类似的企业，那么竞争就比较激烈，即使地理位置很远的企业也可以通过互联网进入市场，加剧竞争的程度，此外当战略意图与竞争对手冲突时，也会加剧竞争

内容	作用范围
替代产品/服务的威胁	被现有或潜在的产品代替的风险主要由以下几个因素决定： （1）相对价格/绩效替换，如果现有的或潜在的竞争产品/服务可以提供一个更好的产品特性组合，或其成本更低，那么替代品的威胁就比较大 （2）转换成本，替代威胁与转换成本呈反比关系 （3）利润，如果一个可靠的替代产品/服务能提供给用户更高的利润空间，那么替代威胁就比较大
新进入者的威胁	进入障碍决定那些打算进入行业的竞争者所面临的困难程度。如果进入障碍比较低，那么这个行业中的竞争将会加剧，对资源的需求也会上升，最终导致行业利润率降低。新进入者的威胁由以下几个进入障碍来界定： （1）进入价格壁垒，如果预期的进入边际成本超过预期的边际收入，新的企业将不会进入这个行业，通常业内企业会降低价格以阻止竞争者进入 （2）高成本，进入新行业可能要求高的资本水平，这就会阻止竞争对手的进入，此外新进入者一般会将风险贴现计入本企业的资本成本结构中 （3）经验效应，规模和专业优势使得业内企业通过使在行业经验曲线上已处于优势的成本进一步降低或者低于进入障碍价格 （4）其他成本优势，业内企业可以独立于经验效果以外的其他成本优势，如获得资源、拥有技术和控制着最好的位置 （5）产品差别化，业内企业可以通过品牌识别获得许多好处，包括建立客户忠诚度和灵活地与其他产品共用一个品牌。较高的费用和极大的市场努力将造成极高的进入障碍 （6）分销，进入者必须打破业内企业已经和销售商建立起来的关系，通常也需要花费成本和精力来说服分销商来销售新品 （7）政府，业内企业通过干扰政府的政策，提高进入行业的资本成本或增加进入限制的力度 （8）转换成本，让消费者转换一种新产品通常需要转换成本，这对企业极为有利
供应商议价能力	供应商议价能力由以下几个因素决定： （1）集中度，若供应商所在行业由少数几家企业控制，而其产品的销售对象却相对较多，那么供应商的议价能力就比较高。若存在替代产品时，就可以消除这种影响 （2）多元化，如果行业内总体供应商销售额的比例较高，则供应商的实力较弱。如果本行业对于供应商的经营模式和出于保持稳定共生的动机，那么就会削弱这方面的影响 （3）转换成本，若行业内的企业可以有效地转换供应商成本，那么就可以削弱供应商的影响力，前向一体化较强则会加强供应商的影响力，后向一体化则会削弱供应商的力量

内容	作用范围
供应商议价能力	（4）组织，供应商的组织将会通过提升集体议价的实力来增加供应商的力量
购买者议价能力	企业客户的影响对界定行业的结构有重要作用，往往通过货比三家来迫使企业降低价格，也可能以提高对产品的质量要求来影响企业，以下几个因素影响着购买者的议价能力： （1）差别化，如果产品的独特性较强，那么买方的议价能力就弱。相反，如果产品是大众化的，则会加强买方的议价能力 （2）集中度，若买方购买产品占企业销售额的比例很大，那么买方的议价能力就强 （3）数量，若买方的购买数量越大，那么其谈判能力就越强，因为大量的购买能使买方降低行业产品价格，达到成本控制目的 （4）利润，如果买方的利润率较低，那么他就对价格比较敏感 （5）质量的重要性，如果产品质量对于买方的经营模式至关重要，那么买方对价格就不会非常敏感

竞争力量分析用于确认竞争力量的主要来源和力量存在的压力大小。竞争力量对公司的发展具有重要影响，企业若想成功，战略设计必须可以有效地应对这些竞争压力。因此，"五力"模型的最终目的是在竞争优势的基础上，为企业建立一个坚固的市场位置。

如果竞争很激烈，进入壁垒较低，来自替代产品的竞争威胁较强，供应商和客户有较强的议价能力，那么竞争环境就比较恶劣，产品／服务利润低，市场的吸引力就较低。

如果竞争激烈程度一般，进入壁垒相对较高，没有好的替代产品，供应商和客户的议价能力不强，那么该竞争环境相对较好，产品／服务有一定利润空间，市场具有较强的吸引力。

因此，竞争作用力越弱，行业的利润越高。如果一个企业的战略和市场位置能使企业有效地应对这五种作用力，那么该公司就可以获得超额利润。

最终目标是在给定五种作用力的大小之后，明确企业能够在行业中成功地获得竞争的能力。通过比较企业的资源实力是否与五种作用力匹配，使企业对战略性机会和威胁能够深刻地洞察。

案例分享

以××公司为例，分析它在市场竞争中这五个作用力的具体表现。如图7-4所示，我们对竞争"五力"给予了简要的表述。从中可以看出该公司虽然面对着激烈的竞争，即新进入者较多，消费者议价能力增强，但是总的来说，××公司在中成药的滋补和补血领域具有较强的竞争能力。这主要是因为该公司控制了产品的原料供应以及拥有先进的生产技术和多年的品牌支持。

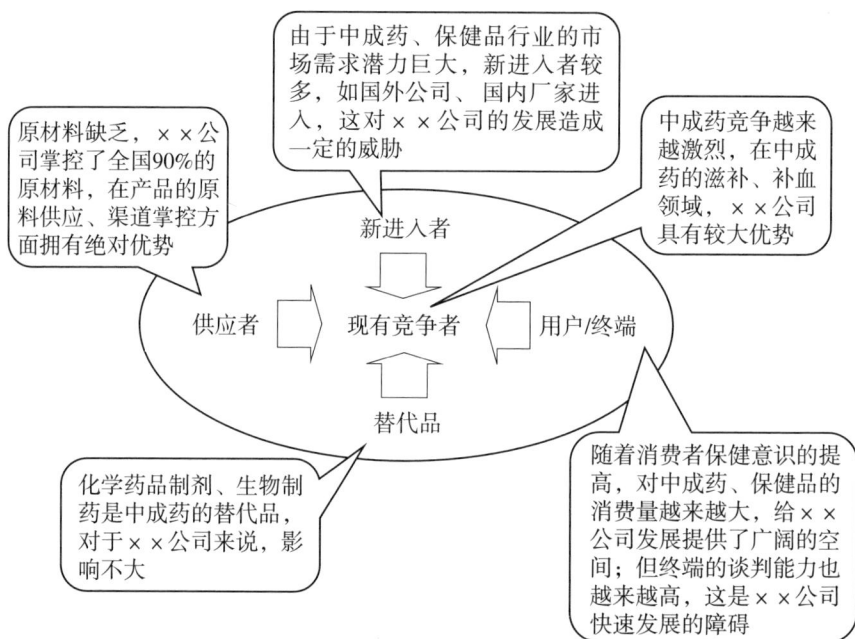

由于中成药、保健品行业的市场需求潜力巨大，新进入者较多，如国外公司、国内厂家进入，这对××公司的发展造成一定的威胁

原材料缺乏，××公司掌控了全国90%的原材料，在产品的原料供应、渠道掌控方面拥有绝对优势

中成药竞争越来越激烈，在中成药的滋补、补血领域，××公司具有较大优势

新进入者

供应者 ⇨ 现有竞争者 ⇦ 用户/终端

⇧

替代品

化学药品制剂、生物制药是中成药的替代品，对于××公司来说，影响不大

随着消费者保健意识的提高，对中成药、保健品的消费量越来越大，给××公司发展提供了广阔的空间；但终端的谈判能力也越来越高，这是××公司快速发展的障碍

图7-4　××公司行业竞争"五力"分析

2. 竞争对手的市场行为分析

在所在行业的五种竞争力中最重要的竞争作用力是竞争对手，我们这里给予重点分析。首先，明确公司的竞争对手。竞争对手是指在某一行业或领域中，拥有与你相同或相似资源（包括人力、资金、产品、环境、渠道、品牌等）的团体，并且该团体的目标与你相同，产生的行为会给你带来一定的

利益影响。同时，还应该时刻关注着公司潜在的竞争对手，他们通常不容易确定，但是可以从以下各类公司中辨识出来：

（1）不在本行业但不费力气便可克服进入壁垒的公司；

（2）进入本行业可产生明显的协同效应；

（3）其战略的延伸必将导致加入本行业竞争的公司。

明确公司的竞争对手和主要潜在竞争对手，从市场行为和能力两方面对他们进行详细分析。首先分析他们的市场行为，竞争对手的市场行为是竞争对手为实现其既定目标而采取的适应市场要求的调整行为。这里指他们过去的市场行为和未来可能会发生的行为，主要包括主要发展战略、战略行动、发展里程碑、战略目标。

（1）主要发展战略。

主要发展战略是指公司筹划和指导全局的方略，包括公司愿景、战略目标、业务战略和职能战略自上而下的 4 个层面。愿景是企业发展的起点，它指引企业发展的方向；战略目标是企业发展的要求，它明确了发展速度和发展质量；业务战略，包含产品战略、客户战略和区域战略，它指明了企业的发展点；职能战略是企业发展的支撑，它确定了企业的发展能力。上一层面为下一层面提供方向与思路，下一层面对上一层面提供有力支撑。它们之间相互影响，构成一个有机的发展战略系统。

（2）战略行动。

战略行动是一组市场拓展性的管理行为与决策，是竞争对手参照其发展战略采取的一系列针对公司产品、客户、区域的措施。它将公司发展战略实施在市场运行中，检验战略的正确性和有效性。

（3）发展里程碑。

发展里程碑是指竞争对手在历史发展过程中可以作为标志的大事。例如，获得某个技术奖项、公司销量翻一番等对公司产生正向意义的事件。

（4）战略目标。

战略目标是竞争对手下一步战略行动的重要指南，对目标的了解可预测每位竞争对手对其目前地位和财务状况是否满意，是否将改变战略，对外部事件（如经济周期）或对其他公司的战略举动作出何种反应。竞争对手的战略目标包括业务单位 / 部门的目标，对于多元化的公司，还需了解其母公司目标及它对业务单位未来目标的影响。

通过对竞争对手在历史发展过程中的发展战略、战略行动、发展里程碑等方面的详细了解，可以给我们提供以下几个方面的信息。

（1）竞争对手在市场上的历史情况如何？在什么时间、什么方面，什么原因导致了失败？对该公司产生了哪些恶劣影响？对手面对该现象是如何反应的，是吸取教训继续前进还是止步不前、更换方向？

（2）他们的哪些战略又在哪些方面表现出众或者取得了成功，达到了什么程度，对公司的影响是什么？成功的战略往往能够增强竞争对手的信心。

（3）在面对重大事项时，高层管理者的行事风格是怎样的，理性还是感性，缓慢还是迅速？他们具有怎么样的管理背景？

通过市场行为分析及目标确定，清晰竞争对手的发展历程，可以达到三个目的：一是向竞争对手发动更准确的攻击，二是受到攻击时更有力地防御，三是向竞争对手学习。

3. 与竞争对手比较

竞争对手的目标和市场行为会影响它下一步行动的时间、方向和特点，而能力的强弱将决定它战略实施的成功与失败。能力、资源作为一个企业市场行为、战略的基础和源泉，是推断与预测竞争对手下一步市场行为的重要依据。应通过具体参考指标真实、客观地对公司和竞争对手进行能力比较，具体参考指标为主要产品线、主要产品、收入增长率、产品质量、品牌、市场策略（价格、渠道和推广）、独特的优势和独特的劣势，如表 7-7 所示。其中，A 公司、B 公司为本公司的竞争对手。

表 7-7　本公司与竞争对手比较

参考指标	本公司	A 公司	B 公司	……
主要产品线				
主要产品				
收入增长率				
产品质量				

续表

参考指标	本公司	A 公司	B 公司	……
品牌				
市场策略（价格、渠道和推广）				
独特的优势				
独特的劣势				

通过与竞争对手的能力进行比较，可以了解自己和竞争对手的资源与能力，明确主要竞争对手的优劣势，从而制定针对每个竞争对手的竞争策略，一方面发挥自己的优势打击竞争对手的劣势，另一方面改善自己的劣势，提高自己的竞争力。

7.2.3　产品结构分析

产品结构是指一个公司生产或销售的各类产品的比例关系。其中，比例关系是从各产品线 / 产品的销售额、销售量与利润等方面考查得到的。良好的产品结构类似健康的人体架构，能在市场中给予公司有力的支撑，为公司制定有效的产品进攻或产品防御策略奠定基础。

公司级产品结构将从产品线 / 产品的贡献度、成长性、战略定位 3 个方面进行分析，掌握公司的主要产品线 / 产品，明确各产品线 / 产品在市场吸引力、竞争地位等方面的表现。首先，可以根据产品线划分方法明确公司已有各产品线的划分原则，对于不合理的部分可以提出修改建议。然后，对产品线进行以下几个方面的分析。

1. 各产品线 / 产品的贡献度

各产品线 / 产品的贡献度是按年度划分，考查每一年度各产品线 / 产品占公司全部收入的比例，它反映了各产品线 / 产品对公司付出的回报程度。如图 7-5 所示，表示随着时间的延续各产品线 / 产品贡献度的变化趋势，其中横轴表示年度，纵轴表示贡献比例，每个数轴表示一个年度的各产品线 / 产品贡献度的配比。

贡献度/%

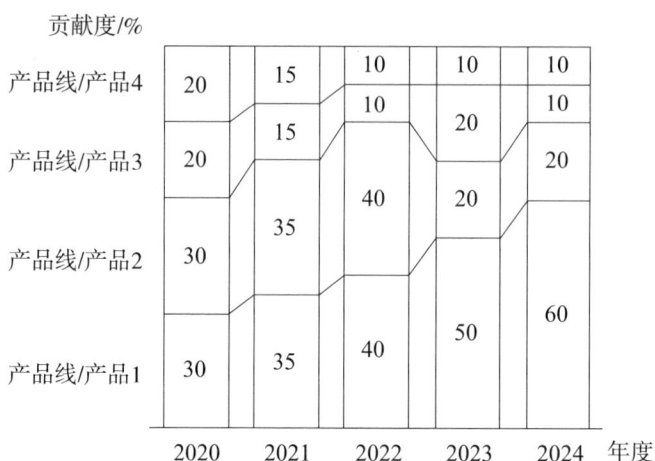

图 7-5　各产品线 / 产品的贡献度

通过研究各产品线 / 产品的贡献度，我们可以：

（1）了解每年公司各产品线 / 产品的贡献度，明确对公司收入贡献较大的产品线 / 产品，即主要产品线和产品；

（2）对比各产品线 / 产品的营销收入结果，是否与当年目标、规划保持一致；

（3）观察随时间变化各产品线 / 产品的发展趋势并分析原因。

连续几年贡献度在 50% 以上的产品线 / 产品，应当是该公司重要的产品线 / 产品；连续几年贡献度在 10% 以下的产品线 / 产品，应观察该产品线 / 产品的规划与资产投资情况。如果两者连续背离，则需重点关注。

2. 各产品线 / 产品的成长性

各产品线 / 产品的成长性是衡量产品线 / 产品发展速度和质量的重要指标。通过观察产品线 / 产品在一定时期内的发展走势，可以明确其成长方向、成长阶段。它和产品线 / 产品的收益具有一定的相关性，一条产品线或一个产品即使收益很好，如果成长性不好，产品线 / 产品将来的收益也会受到制约。产品线 / 产品的成长性指标可采用产品线 / 产品的收入增长率、利润增长率及净利润增长率，详细描述如表 7-8 所示，也可直接利用产品线 / 产品的销售额。

表 7-8　产品线 / 产品 A 成长性指标

指标	说明
产品线 / 产品 A 的收入增长率	[（本期产品线 / 产品 A）收入 –（上期产品线 / 产品 A）收入]/（上期产品线 / 产品 A）收入 如果一条产品线 / 产品能连续几年保持 30% 以上的收入增长率，那么该条产品线 / 产品具有很强的成长性
产品线 / 产品 A 的利润增长率	[（本期产品线 / 产品 A）利润 –（上期产品线 / 产品 A）利润]/（上期产品线 / 产品 A）利润 一些公司尽管年度利润总额有较大幅度的增加，但贡献度较大的产品线利润却未相应增加，甚至大幅下降，这样的产品线存在巨大问题，对公司蕴藏着巨大的风险，会影响公司的发展
产品线 / 产品 A 的净利润增长率	[（本年产品线 / 产品 A）净利润 –（上年产品线 / 产品 A）净利润]/（上期产品线 / 产品 A）净利润 产品线 / 产品净利润的连续增长是产品线 / 产品成长的基本特征，如其增幅较大，表明产品线 / 产品经营业绩突出，市场竞争能力强

选定一个指标对各产品线 / 产品进行成长性分析，可利用如图 7-6 所示的图形表示，其中横轴表示年度，纵轴表示选定的指标，每个数柱表示该年各产品线 / 产品的销售总额 / 总利润。通过此图，我们可以清楚地观察每条产品线 / 每个产品成长性指标的变化趋势。

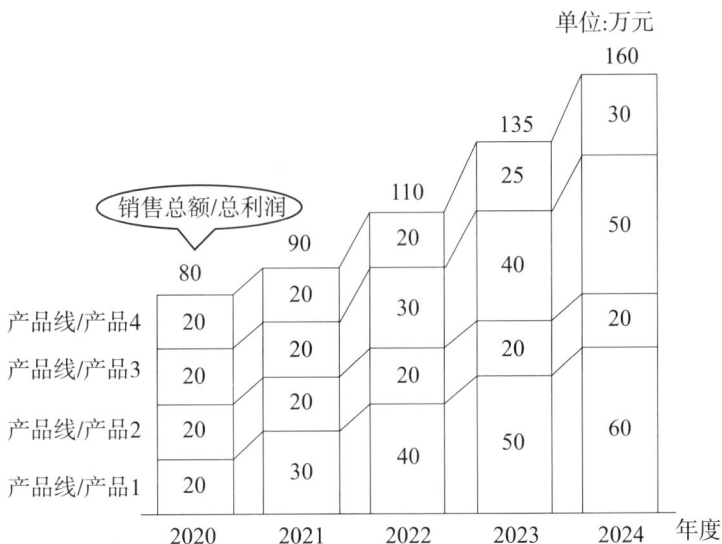

图 7-6　各产品线 / 产品的成长性分析

3.各产品线／产品的战略定位

各产品线／产品的战略定位分析是利用 SPAN 模型，从各产品线／产品的市场吸引力和竞争地位进行分析，采取适合本公司的分析指标进行计算，最终将结果绘制在 SPAN 图中。SPAN 图的不同表现形式代表了公司不同的产品结构，如表 7-9 所示，列举了 4 种典型的分布结构。不同的结构中产品线／产品在每个区域以不同的数量比例呈现，并且每个图、每个区域对公司具有不同的贡献度。

表 7-9　产品线／产品的 SPAN 图

结构级别	数量表现形式	数量结构比例 /%	贡献率 /%
绩优股		第一区域：40 第二区域：30 第三区域：20 第四区域：10	第一区域：60～70 第二区域：10～20 第三区域：10～20 第四区域：0～10
蓝筹股		第一区域：15 第二区域：15 第三区域：60 第四区域：10	第一区域：10～20 第二区域：10～20 第三区域：30～50 第四区域：0～10
潜力股		第一区域：15 第二区域：60 第三区域：15 第四区域：10	第一区域：10～20 第二区域：30～50 第三区域：10～20 第四区域：0～10
ST 股（特别处理股）		第一区域：< 10 第二区域：15 第三区域：15 第四区域：> 60	第一区域：0～10 第二区域：10～20 第三区域：30～50 第四区域：10～20

（1）绩优股（现在好，未来也好），产品线／产品在第一、第二、第三区域居多。其中，第一区域是公司收入的主要支撑；第二区域是公司未来的希望；第三区域是现金流的主要来源；第四区域中产品线／产品数量极少且贡

献率很低。这种表现形式的公司具有优秀的产品结构、良好的产品梯队建设，公司不仅目前有良好的业绩支撑，而且对未来发展也建立了扎实的基础，即有竞争力的产品支撑，具有优秀的抗风险能力。

（2）蓝筹股（现在好，未来困难），产品线/产品主要落在第三区域，且该区域的产品线/产品是公司收入的有力支撑；第一、第二区域也有部分产品线/产品，它们也对公司收入贡献了部分力量；第四区域产品线/产品数量极少且贡献率很低。这种表现形式的公司在市场上具有较高的竞争地位，可能是具有某种资源优势，如政府支持、原料丰富或者技术专利等，但因第二区域产品少，对未来发展将产生影响。

（3）潜力股（现在困难，未来好），产品线/产品主要落在第二区域，该区域的产品线/产品是公司收入的有力支撑，但是现在由于需要提高产品的竞争力和知名度，需要大量的投入，就像一个10多岁的少年，发展成长较好，但往往投入比收入大很多；第一、第三区域也有部分产品线/产品，对公司收入贡献了部分力量；第四区域产品线/产品数量极少且贡献率很低。这种表现形式的公司具有较高的市场吸引力，可能是具有成本优势，或者产品差异化明显，或者是新兴产业。

（4）ST股，产品线/产品主要落在第四区域，且该区域的产品线/产品是公司收入的有力支撑；第二、第三区域也有部分产品线/产品，对公司收入贡献了部分力量；第一区域产品线/产品数量极少且贡献率很低。由于第四区域产品成长性不好，现有竞争地位也差，所以公司不能对其加大投入，但是又没有加大投入的产品，处于两难境地。这种表现形式的公司产品结构不合理，抗风险能力差，而且承受着巨大的竞争压力，一般在市场上地位比较低。

案例分享

以××公司为例，对其产品进行分析。明确该公司销售的产品，共有12种。针对该公司数据的可获得性、行业特点和公司的实际情况，对产品市场吸引力和竞争地位的影响因素的权重选取如下。

1. 产品的市场吸引力 MA

选取了市场规模 MS（50%）、市场增长率 MGR（25%）、市场收益率 MY（10%）、市场竞争程度 MCD（10%）和技术发展 TD（5%）5 个主要指标。计算产品的市场吸引力得分的公式如下：

$$MA_i = \frac{MS_i}{\max MS} \times a_1 + \frac{MGR_i}{\max MGR} \times a_2 + \frac{MY_i}{\max MY} \times a_3 + \frac{MCD_i}{\max MCD} \times a_4 + \frac{TD_i}{\max TD} \times a_5$$

$$a_1=0.5,\ a_2=0.25,\ a_3=0.1,\ a_4=0.1,\ a_5=0.05$$

我们以产品茶饮 -11 为例，展示产品市场竞争力的计算过程，茶饮 -11 的 5 个指标得分分别为 $MS_1=1.5$，$MGR_1=1.75$，$MY_1=0.625$，$MCD_1=3$，$TD_1=3$，故：

$$MA_1 = \frac{1.5}{5} \times 0.5 + \frac{1.75}{5} \times 0.25 + \frac{0.625}{5} \times 0.1 + \frac{3}{5} \times 0.1 + \frac{3}{5} \times 0.05 = 0.34$$

因此，茶饮 -11 的市场吸引力得分为 0.34。

2. 产品的市场竞争地位 MCP

选取了市场份额 MS（40%）、本公司的产品优势 PA（20%）、品牌优势 BA（25%）、营销能力 MC（10%）和技术研发能力 $TRADA$（5%）5 个主要指标。计算产品的市场竞争地位得分的公式如下：

$$MCP_i = \frac{MS_i}{\max MS} \times a_1 + \frac{PA_i}{\max PA} \times a_2 + \frac{BA_i}{\max BA} \times a_3 + \frac{MC_i}{\max MC} \times a_4 + \frac{TRADA_i}{\max TRADA} \times a_5$$

$$\sum_{i=1}^{5} a_i = a_1+a_2+a_3+a_4+a_5 = 100\%;\ i=1,\ 2,\ 3,\ 4,\ 5$$

我们同样以产品茶饮 -11 为例，展示产品的市场竞争地位的计算过程，茶饮 -11 在以上 5 个指标中，分别得分为 $MS_1=1.5$，$PA_1=3$，$BA_1=2.5$，$MC_1=2.5$，$TRADA_1=2.5$。故：

$$MCP_1 = \frac{1.5}{5} \times 0.4 + \frac{3}{5} \times 0.2 + \frac{2.5}{5} \times 0.25 + \frac{2.5}{5} \times 0.1 + \frac{2.5}{5} \times 0.05 = 0.44$$

因此，产品茶饮 -11 的市场竞争地位得分为 0.44。

结果整理如表 7-10 所示。

表 7-10　茶饮 -11 市场吸引力和竞争地位得分与结果

市场吸引力影响因素	权重	分数比重	市场竞争地位影响因素	权重	分数比重
市场规模	50%	0.3	市场份额	40%	0.3
市场增长率	25%	0.35	产品优势	20%	0.6
市场收益率	10%	0.125	品牌优势	25%	0.5
竞争程度	10%	0.6	营销能力	10%	0.5
技术发展	5%	0.6	技术研发能力	5%	0.5
综合评分		0.34	综合评分		0.44

按照以上计算方法，可得出该公司其他产品市场吸引力和竞争地位的值，整理结果如表 7-11 所示，并将结果绘制如图 7-7 所示。

表 7-11　×× 饮料公司产品市场吸引力和竞争地位所得值

序号	产品名称	市场竞争地位得分	市场吸引力得分	序号	产品名称	市场竞争地位得分	市场吸引力得分
1	茶饮 -11	0.44	0.34	7	乳饮 -12	0.12	0.30
2	茶饮 -12	0.24	0.69	8	乳饮 -21	0.21	0.12
3	茶饮 -21	0.16	0.59	9	果饮 -11	0.35	0.39
4	茶饮 -22	0.35	0.63	10	果饮 -12	0.26	0.46
5	茶饮 -23	0.39	0.55	11	碳酸饮料 -11	0.79	0.64
6	乳饮 -11	0.13	0.17	12	碳酸饮料 -12	0.89	0.50

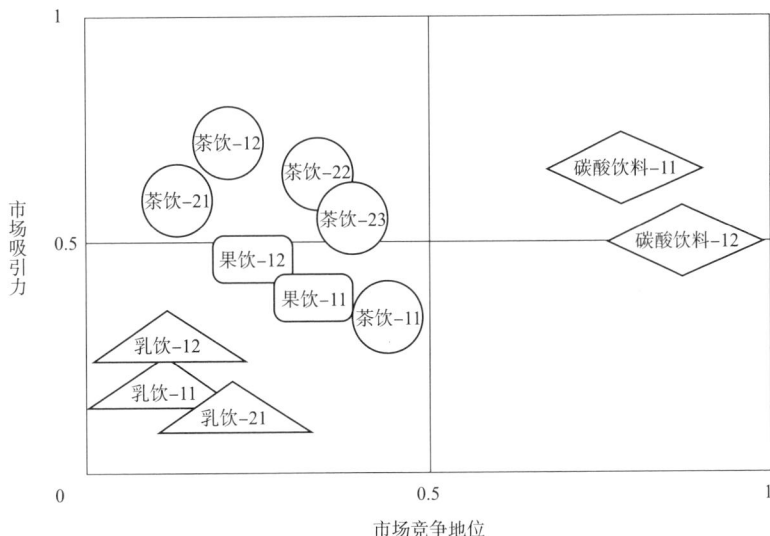

图 7-7　×× 饮料公司产品战略定位

观察图 7-7，可发现 ×× 饮料公司的产品结构不合理。第一区域主要是碳酸饮料产品线的产品，包括碳酸饮料 -11 和碳酸饮料 -12；第二区域主要集中的是茶饮料产品线的产品，包括茶饮 -12、茶饮 -22、茶饮 -23 和茶饮 -21；第三区域主要是果饮产品线和乳饮产品线；第四区域没有产品落入。因此，碳酸饮料是该公司的主要和支撑产品，具有较大的贡献率，茶饮产品具有较大的市场潜力，果饮次之，乳饮产品市场表现较弱。

综上所述，可知该公司问题类产品较多，缺乏"明星类"产品，下一步在保持碳酸饮料优势的同时，采取有效销售策略快速增加茶饮和果饮的市场份额，提高其市场地位，选择成长性好的产品进行重点突破，使产品结构不断优化。

7.2.4 产品销售区域分析

公司级的销售区域分析是明确本公司全部产品所覆盖的销售区域，然后采用区域定级模型，从区域市场吸引力和区域竞争地位两个维度对所有销售区域进行定位，确定各区域的级别。定级结果可用于指导公司对各区域的投入决策，制定区域产品的发展规划和策略。

1. 明确产品销售区域

区域的划分通常有两种方式，即按行政区域划分和按经济带划分，每种划分方式都包括两个层级，最终层级一般按我国的省（自治区、直辖市、特别行政区）的名称呈现；行政区域划分方式比较常见，它比按经济带划分更细致和具体。各公司可根据本公司的发展战略选择划分方式。

2. 销售区域定级

明确本公司的销售区域，然后利用区域定级模型对本公司的所有销售区域进行定级。该模型是从区域市场吸引力和区域竞争地位两个维度进行分析、判断公司各销售区域的市场位置，我们首先介绍这两个指标。

（1）区域市场吸引力。

区域市场吸引力是指公司产品／服务在该区域能引导人们购买和使用的力量，可通过本区域的市场规模、市场增长率、市场竞争程度、收益率等影响因素综合判断，影响因素解释如表 7-12 所示。它主要用于识别对企业发展具有较大贡献潜能和开发价值的区域。

表 7-12 区域市场吸引力变量列表

区域变量	代替字母	区域变量	代替字母
区域 i 的市场吸引力	MA_i	区域 i 的市场容量	MC_i
区域 i 的市场竞争程度	CD_i	区域 i 的市场增长率	MGR_i
区域 i 产品 j 的市场竞争程度	PCD_{ij}	区域 i 的产品销售总额	GS_i
恩格尔系数	EC	区域 i 中产品 j 的销售额	PS_{ij}
区域 i 产品 j 的市场增长率	$PMGR_{ij}$	居民消费价格指数	CPI
人均收入增长率	$PCIGR$	最大	max
区域 i 的人口数	RP_i	最小	min

参考市场吸引力的计算方法，我们推导出区域市场吸引力的计算方法，见式（7-1）。

$$MA_i = \frac{MC_i}{\max MC} \times a_1 + \frac{CD_i}{\max CD} \times a_2 + \frac{MGR_i}{\max MGR} \times a_3 \qquad （7-1）$$

其中，MC_i、CD_i、MGR_i 的计算方式见以下三个公式：

$$MC_i = \frac{PCR_i \times RP_i(1-EC)}{\max\left[PCR \times RP(1-EC)\right]} \times b_1 + \frac{PCIGR_i}{\max PCIGR} \times b_2 + \frac{1-CPI}{\max CPI} \times b_3 \qquad （7-2）$$

$$CD_i = \frac{PS_{i1}}{GS_i} \times PCD_{i1} + \frac{PS_{i2}}{GS_i} \times PCD_{i2} + \cdots + \frac{PS_{ij}}{GS_i} \times PCD_{ij} \qquad （7-3）$$

$$MGR_i = \frac{PS_{i1}}{GS_i} \times PMGR_{i1} + \frac{PS_{i2}}{GS_i} \times PMGR_{i2} + \cdots + \frac{PS_{ij}}{GS_i} \times PMGR_{ij} \qquad （7-4）$$

i=1，2，3，…，代表不同的区域；j=1，2，3，…，代表不同的产品；a、b 为相应公式的权重，且 $\sum_{i=1}^{3} a_i = a_1 + a_2 + a_3 = 100\%$，$\sum_{i=1}^{3} b_i = b_1 + b_2 + b_3 = 100\%$。

（2）区域竞争地位。

区域竞争地位是指企业在该区域市场竞争中所占据的位置，可通过本区域的市场份额、品牌优势、生产优势等因素综合判断，影响因素解释如表7-13所示。它主要用于识别具有较大投入产出比、较高回报率的区域。

表 7-13　区域竞争地位变量列表

区域变量	代替字母	区域变量	代替字母
区域 i 的市场竞争地位	MCP_i	区域 i 的市场份额	MS_i
区域 i 的品牌知名度	BA_i	最大	max

同理，我们推导出区域竞争地位的详细计算方法，见式（7-5）。

$$MCP_i = \frac{MS_i}{\max MS} \times c_1 + \frac{BA_i}{\max BA} \times c_2 \qquad (7\text{-}5)$$

i=1，2，3，…，代表不同的区域；a、b、c 为相应公式的权重，且 $\sum_{i=1}^{2} c_i = c_1 + c_2 = 100\%$。

按照以上各公式分别计算公司产品的各销售区域的市场吸引力和竞争地位，然后将所得结果形成如图7-8所示的模型。该模型不仅可以观察不同区域的级别和特征，还可以掌握公司销售区域的整体表现及特征。

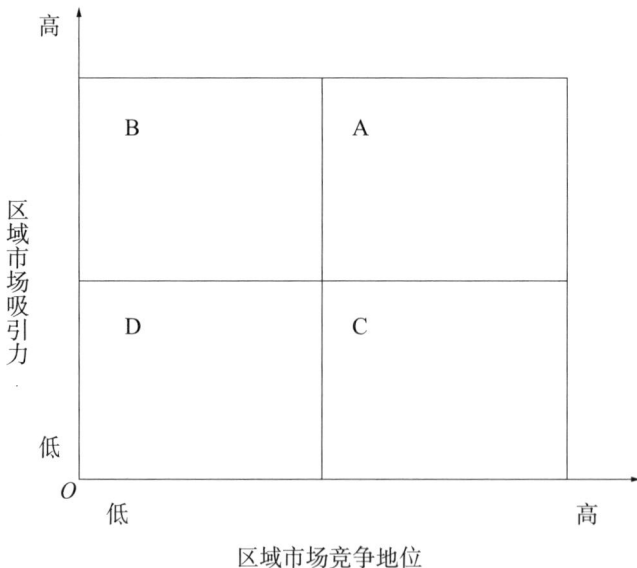

图 7-8　区域定级模型

在该模型中，我们依据销售区域的位置划分为 A、B、C、D 4 种级别。

A 级别：处于该区域的销售分公司不仅具有很强的竞争地位，而且具有良好的市场吸引力，对公司发展具有重要贡献，是公司的重点销售区域，也是公司重点关注和保持的区域。

B 级别：处于该区域的销售分公司具有良好的市场吸引力，代表本公司产品在该区域具有很大的发展潜力，但是现在的竞争地位不高，需要加大投入，是公司重点突破区域。

C 级别：处于该区域的销售分公司具有稳固强大的竞争地位，但是市场吸引力较小，虽然对总公司具有一定的贡献，但是需要防范其他新兴产品的入侵；指导思想为首先保持该销售分公司的市场地位，不再加大投入，其次利用强大的市场竞争地位，加大推广销售分公司的其他新产品，培育新的增长点。

D 级别：处于该区域的销售分公司相比于其他区域表现较弱，对总公司的贡献度较小。造成此现象的原因比较复杂多样，须参照其影响因素进行分析。它们一般在短期内是惯性发展，难有较大的突破，公司不应该对其有大的投入计划。

7.2.5　产品销售渠道分析

公司级的销售渠道分析是明确本公司全部产品所覆盖的销售渠道，然后采用渠道定级模型，从渠道的市场吸引力和竞争地位两个维度进行定位，确定每个渠道所属的级别，用于指导公司对各个渠道的投入决策，同时指导渠道的发展规划和策略。

1. 明确公司销售渠道

渠道分为直接渠道和间接渠道，直接渠道是指生产者不经过任何中间环节，将产品直接销售给最终消费者或用户的分销渠道；间接渠道是指生产者通过流通领域的中间环节把商品销售给消费者的渠道，可以有一层、二层等多层表现形式。具体情况如图 7-9 所示。

直接渠道不太适合大众消费品的销售，除鲜活商品、某些手工业品以及少数使用复杂、维修不便的高档电器产品可以在一定程度上采用直接销售形式外，大多消费品都采用间接销售的形式。间接渠道通过中间环节不仅分担了生产者的经营风险，还可增加商品销售的覆盖面，有利于扩大商品市场占有率，但中间环节太多，会增加商品的经营成本。

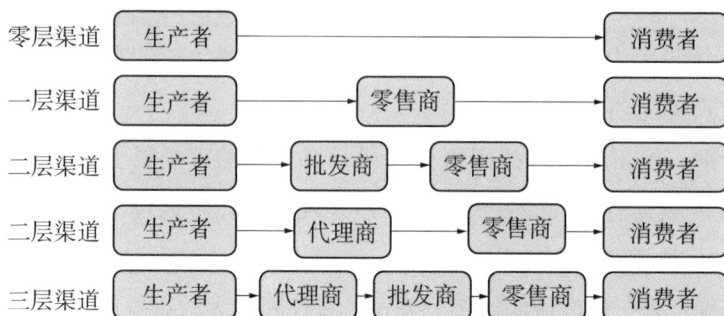

图 7-9　渠道分类和表现形式

下面我们讨论间接渠道中的分销商，即那些专门将商品从生产者转移到消费者的机构和人员，主要关注分销商的种类，按分销商的种类确定公司渠道的类别，而不关注渠道的长度（即中间环节的层级）。分销商通常可分为百货商场、专卖店、超市、网络销售等，如图 7-10 所示。因此，我们所说的渠道即不同的分销商形式。

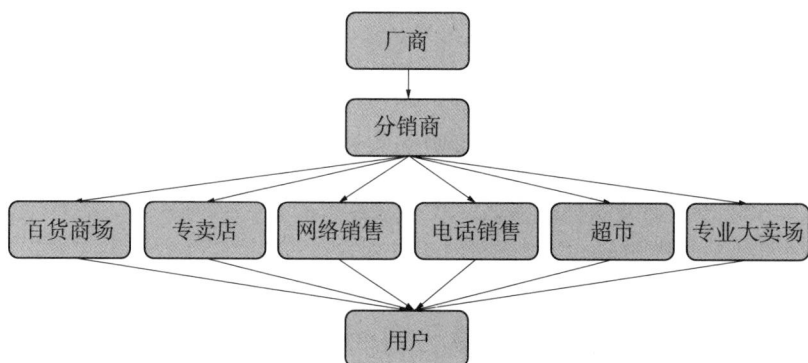

图 7-10　销售渠道的类别

2. 销售渠道定级

参照上述渠道分类方法首先确定本公司的各销售渠道，然后利用渠道的定级模型对本公司的所有销售渠道进行分析。该模型是从渠道的市场吸引力和市场地位两个维度分析，首先介绍这两个指标。

（1）渠道市场吸引力是指公司产品 / 服务在该渠道能引导人们购买和使用的力量，可以通过本渠道的市场规模、市场增长率、市场竞争程度、收益率等影响因素综合判断。对渠道市场吸引力进行分析可以明确对企业未来发展有较大贡献潜能、具有开发价值的重点渠道。

（2）渠道市场地位是企业的该渠道在市场竞争中所占据的位置，可以通过本渠道的市场份额、品牌优势等因素综合判断。对渠道市场竞争地位进行分析主要是明确不同渠道在市场中的竞争能力。

计算这两个指标，并将计算结果在模型中显示出来，如图 7-11 所示。

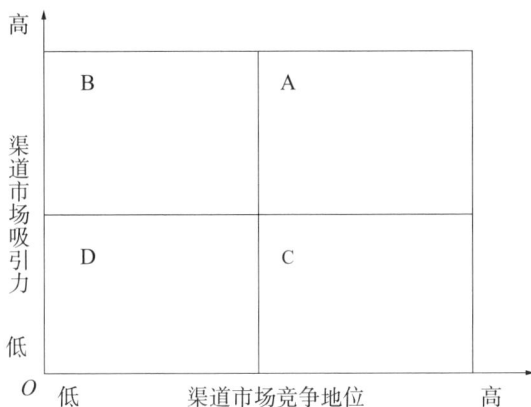

图 7-11　渠道定级模型

对于模型中的位置，我们划分为 A、B、C、D 4 种级别。

A 级别：落在此区域的渠道，产品在该渠道具有很好的市场吸引力，代表本公司的产品在该渠道已有相对成熟的市场，并在公司的所有渠道中保持着领先地位，是公司的重要渠道，对公司具有很大的贡献度。

B 级别：落在此区域的渠道具有很强的吸引力，较弱的市场竞争地位。它表明该渠道具有很大发展空间，但是必须提高自己的市场地位，才能提高该渠道对公司的贡献度。

C 级别：落在此区域的渠道具有很强的竞争地位，较弱的市场吸引力，这类渠道虽然目前对公司具有一定的贡献度，但是其每年增长率有限，必须依靠特殊的条件如政策支持等，才能大幅度提高市场份额。

D 级别：落在此区域的渠道相比其他渠道表现较弱，发展空间有限，难有较大的突破，对公司的贡献度较小。造成此现象的原因比较复杂多样，须参照其影响因素进行分析，一般发展思路是短期内惯性发展。

案例分享

以生产和销售中成药的××公司为例，对其主要销售渠道进行分析。首先，明确该公司的销售渠道，即药店、商超、医院和诊所/卫生院，共4种。利用渠道定级模型对该公司的4个主要销售渠道定级，如图7-12所示。从图中可以看出，药店是该公司的主要销售渠道，占据较强的市场竞争地位和吸引力；商超具有较强的市场吸引力，源自其庞大的消费客户，但是较药店的市场地位低；医院也是该公司的主要销售渠道之一，表现一般；诊所/卫生院综合表现较弱。

根据以上分析结果，对不同渠道级别的经营思路如下。

（1）处于A区域的药店，其经营思路为重点关注，加大投入，增加销售额，保持其市场竞争地位，承担公司主要的销售额。

（2）处于B区域的商超和医院，作为公司重点突破的区域，加大资源投入和提高宣传力度，从而提高产品知名度和覆盖率，迅速抢占市场份额，扩大销售，成为公司增长的主力军。

（3）处于C区域的诊所和卫生院，须关注该渠道的成长性，有限关注，有选择地投入，提高其市场竞争地位，为将来的经营策略提供支持。

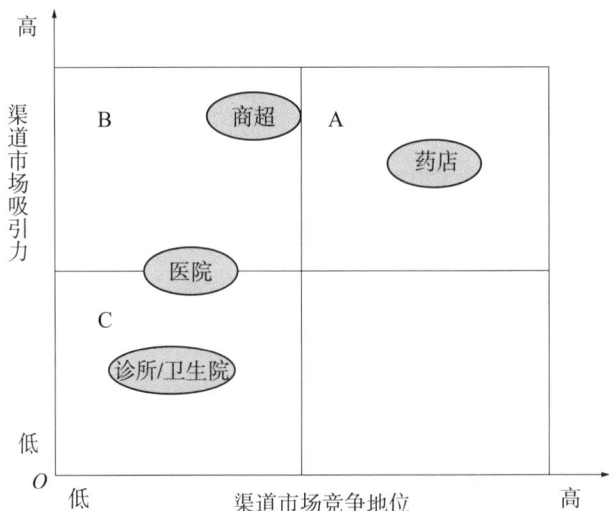

图7-12　××公司销售渠道定级

7.3　公司级产品战略目标

公司级产品战略目标是指对公司产品战略经营活动预期取得主要成果的期望值。它是企业愿景和使命的具体化，是公司战略规划在产品规划的具体分解。

7.3.1　公司愿景

产品战略像一条路径，开始于一种愿景。公司愿景是对一个企业未来发展方向和目标的构想，是指引公司前行的"灯塔"。它阐述了一个公司以什么方式到达什么地方以及为什么会获得成功。一个企业的愿景清晰地表达出来后，就是对企业内部和外界的承诺，才有压力和动力向前发展。如果它仅仅停留在领导人的心中，则不会起到任何作用。成功的愿景应该具有如下几种特征。

（1）集中性。该愿景是充分聚焦的，聚焦于一个行业或是一个业务。如果一个愿景的范围过于宽泛，就不能很好地为产品战略或者其他战略指明方向。

（2）清晰性。公司的不同管理者能够清楚地了解公司的愿景、发展方向，对愿景可以作出相同的解释，避免造成愿景实施的不协调性。

（3）完整性。公司愿景能够回答 3 个问题：我们想去哪里，我们通过什么方式，我们为什么会成功。"我们想去哪里"需要寻找短期目标和长期目标之间适当的平衡；"我们通过什么方式"需要对愿景选择具体明确但又没有过多限制的道路；"我们为什么会成功"通常依赖于提供给消费者独特的价值。

（4）可行性。公司愿景建立在清晰的市场调查与分析之上，把目前产品战略与公司愿景联系起来，可在目前市场上实施。

下面以康柏计算机公司 1993 年的愿景为例加以说明。

"我们希望在遍及全球的所有消费者细分市场上，成为 PC 机和 PC 服务器的领先供应商。我们通过在开发新产品、竞争性定价、控制成本、支持消费者和扩大分销方面引导这个行业，来实现这个目标。康柏了解这个行业的动态变化，并作好准备果断行动以利用新的机会。"

从以上的叙述中，我们可以清楚地看到康柏计算机公司希望聚焦 PC 机和

PC 服务器，通过开发新产品，以及定价、成本上的控制成为这个行业领先的供应商，并通过掌握行业的动态变化来达到成功，这对技术迅速变化的行业来说是合适的。康柏公司的这个愿景不仅完整回答了愿景需要的 3 个问题，还同时具备其他成功愿景的特征，因此，康柏公司在 20 世纪 90 年代做到了这一切。

这里需要注意的是，过分长期地固守一个愿景或者过分频繁地改变愿景不仅不利于公司的发展，而且会削弱员工们对领导人的信心。因此，公司应当根据外部环境的变化和公司自身的发展适时、适当地调整愿景。

7.3.2　公司产品战略目标

公司产品战略目标是对公司愿景的具体化，是愿景在相应时期内产品需要达到的预期成果，通常体现在公司的相关经济指标中。公司结合愿景与目前公司状况，对产品战略目标可以按时间分为当前目标（1 年）、短期目标（1～2 年）、中期目标（3～5 年）和长期目标（5 年以上），如图 7-13 所示。对每一个阶段的目标可以落实到公司的产品、销售区域和渠道等方面。

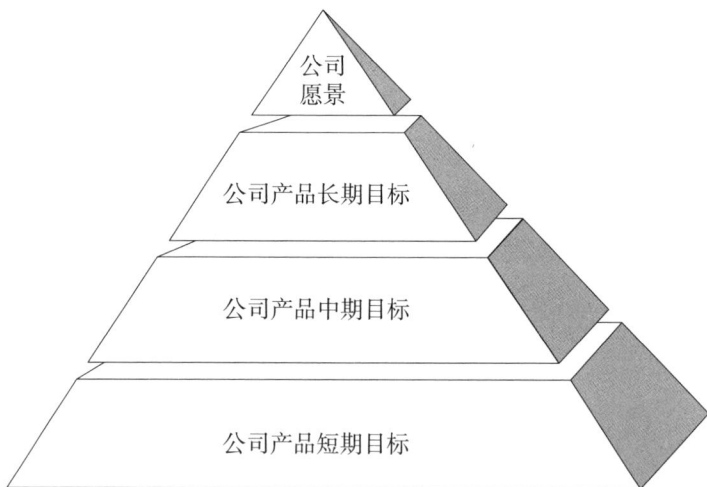

图 7-13　公司产品战略目标

公司目标具有引导、激励、整合等功能。它通过明确各时间段、各区域的目标，动员每个员工参照公司目标设定自己的职业发展目标，将自己的职业发展同公司发展有机结合，统一公司员工行动，从而提高经济效益，改进公司形象，最终达到公司的愿景。

7.3.3　公司产品战略目标细化

下面以公司产品战略目标为依据，结合公司目前资源与实力，将战略目标分解到公司各产品线、产品、区域和渠道。这些目标的分解依赖于公司各销售区域相关信息、数据的收集。我们以下一年区域目标为例，向大家阐述细分目标的方法。

1. 目标细化流程

我们以制定区域目标细化为例，区域目标细分流程形成了一个"W"形，如图 7-14 所示。通常这个"W"过程从每年 11 月开始到次年的 1 月结束，但在 12 月 31 日之前必须走完第一个"V"。

第一步：结合公司当前情况和短期目标，公司规划人员确定公司下一年目标，并指导各区域制定下一年度目标。

第二步：针对各区域上交的下一年度目标，公司规划人员参考公司制定情况进行修正，平衡公司下一年度目标。

第三步：目标经董事会通过后，公司下达修订后的区域目标，各区域执行。

第四步：监督、考查各区域对规划的执行过程，保障公司目标顺利完成。

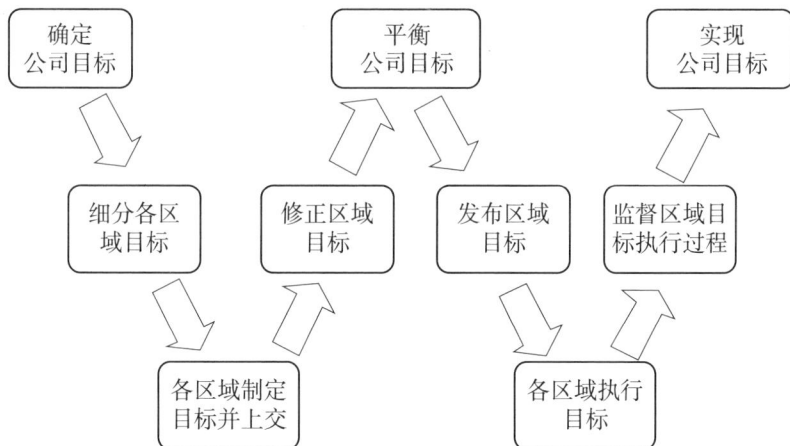

图 7-14　区域目标确定流程

在各区域目标下达之前，以上几个步骤可能会经过多次迭代，即参照公司目标，各区域和各子区域目标需要进行多次修改。

2. 产品中期目标细化

产品目标细化是将产品战略目标具体细化到公司的各产品、产品线、区域和渠道方面。公司战略目标在产品线、渠道和产品细化时，主要是对未来三年销售目标进行分解，从而作为未来资源分配投入的重要依据；对第二年以后几年的销售目标和产品线、渠道和产品的细化主要是采取滚动修正目标法，到年底时，根据前一年的目标完成情况，进行滚动修正。

（1）公司产品线目标细化。

结合公司的中期战略目标和各个区域未来三年各产品销售目标，得到公司各产品线的销售目标，可以从各产品线的销售额、增长率和贡献率等指标进行分解，如表 7-14 所示，其中 T 表示今年的年份，T+1 表示未来第一年，T+2 表示未来第二年。同时，可将次年各产品线的销售额、贡献率结果呈现在如图 7-15 所示的饼图中。

表 7-14　公司产品线目标细化

时间	产品线 1			产品线 2			产品线 3			……	合计	
	销售额	增长率	贡献率	销售额	增长率	贡献率	销售额	增长率	贡献率		总销售额	平均增长率
T+1												
T+2												
T+3												

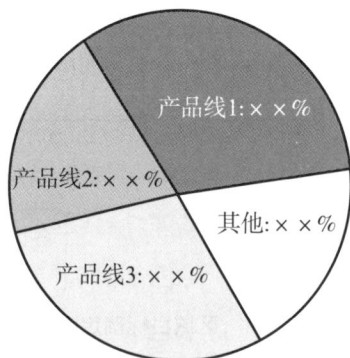

图 7-15　公司产品线目标细化

（2）公司产品目标细化。

结合公司的中期战略目标和各个区域未来三年核心产品销售目标，可得到公司各产品的销售目标。可以从核心产品的销售额、增长率和贡献率等指标进行阐述，如表 7-15 所示，同时可将次年核心产品的销售额、贡献率结果呈现在如图 7-16 所示的饼图中。最终明确核心产品是公司目标的主要承担者，并依次分配公司的资源，保障公司目标的实现。

表 7-15　公司产品目标细化

时间	产品 1			产品 2			产品 3			……	合计	
	销售额	增长率	贡献率	销售额	增长率	贡献率	销售额	增长率	贡献率		总销售额	平均增长率
T+1												
T+2												
T+3												

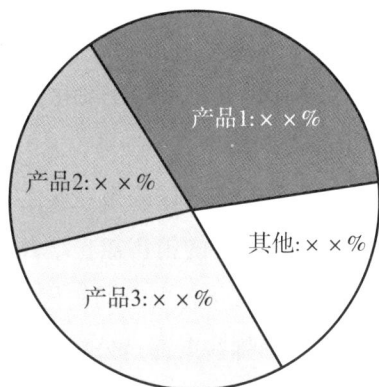

图 7-16　公司产品目标细化

（3）公司区域目标细化。

通过结合公司中期战略目标和各个区域未来三年各产品销售目标，可得到公司各销售区域的目标，对各区域的销售额、增长率和贡献率等指标进行分解，如表 7-16 所示；同时可将次年各区域的销售额、贡献率结果呈现在如图 7-17 所示的饼图中。最终明确哪些区域是公司目标的主要承担者，并依次分配公司的资源，保障公司目标的实现。

表 7-16　公司区域目标细化

时间	区域 1			区域 2			区域 3			……	合计	
	销售额	增长率	贡献率	销售额	增长率	贡献率	销售额	增长率	贡献率		总销售额	平均增长率
T+1												
T+2												
T+3												

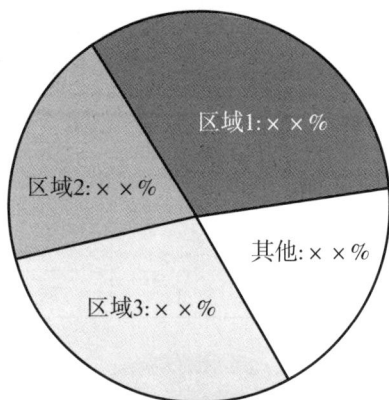

图 7-17　公司区域目标细化

（4）公司渠道目标细化。

结合公司的中期战略目标和各个区域未来三年各产品销售目标，得到公司各渠道的销售目标，可以从各渠道的销售额、增长率和贡献率等指标进行分解，如表 7-17 所示，同时可将次年各渠道的销售额、贡献率结果呈现在如图 7-18 所示的饼图中。最终明确哪些渠道是公司目标的主要承担者，并依次分配公司的资源，保障公司目标的实现。

表 7-17　公司渠道目标细化

时间	渠道 1			渠道 2			渠道 3			……	合计	
	销售额	增长率	贡献率	销售额	增长率	贡献率	销售额	增长率	贡献率		总销售额	平均增长率
T+1												
T+2												
T+3												

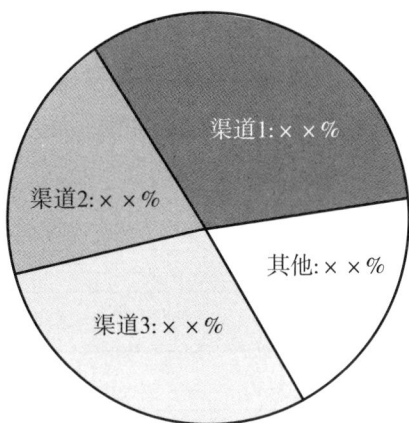

图 7-18 公司渠道目标细化

7.4 公司级产品规划

前面我们从公司产品的外部市场、竞争状况和自身结构进行了详细分析，并且通过公司愿景确定了公司的长期、中期和短期目标。为顺利完成目标、达成愿景，本节将在公司级产品分析的基础上进行产品规划。

公司级产品规划是立足于公司长远发展，参照公司战略目标，运用一套科学系统的方法、工具对公司的产品线、区域、渠道 3 个方面进行规划，主要包括角色定位、发展路径和商业模式。从而确定公司产品线、核心产品、区域和渠道 4 个方面的发展重点，明确公司发展方向与路径，提出发展策略和建议。

7.4.1 产品线规划

通过产品结构分析，可以得出不同产品线的贡献率、成长性和整体结构；利用以上分析结果，并结合公司内外部环境，对公司产品线从结构、发展方向和途径等方面进行规划，主要包括产品线"721"原则、产品线的发展路径、产品线的销售模式 3 个方面，从而明确产品线聚焦、突破、布局的划分，确定不同发展阶段的产品线长度、宽度与深度，并提出发展模式建议等，最终获取目标市场，提高产品市场占有率，促使产品线健康有序地发展。

1. 产品线的"721"原则

依据各产品线贡献率、成长性、市场吸引力和竞争地位的分析结果，参考如下分类规则确定公司各产品线的类别，如图 7-19 所示。

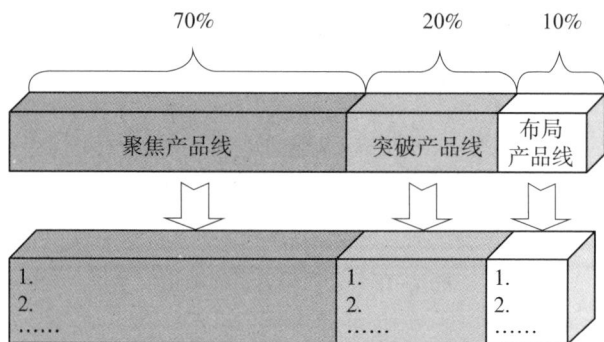

图 7-19　产品线的"721"原则

（1）聚焦产品线：是公司目前的重要产品线，是公司现金流、利润、市场份额以及品牌的主要承担者。

（2）突破产品线：具有较大的市场潜力、较快的销售额增长速度，能通过重点投入与推广在未来 1 ～ 2 年有望成为"明星类"的产品线。

（3）布局产品线：市场潜力大，竞争不激烈，但市场竞争地位低、品牌知名度较弱、市场份额和销售额少，至少在 1 ～ 2 年内不会产生利润的产品线 / 产品；但其未来发展潜力巨大，对公司以后有重要影响，公司为长远发展而进行尝试性布局这类产品线。

对这 3 类产品线使用"721"原则，建议资源配置行为是 70% 的资源投入聚焦产品线，20% 的资源投入突破产品线，10% 的资源投入布局产品线。

2. 产品线的发展路径

现实表明，行业、公司、产品线、产品等都是有生命周期的，公司产品线的发展也是从无到有的。随着时间的推移，产品线的数量、成熟度不断发展变化。按其规模和成长状态，我们可以分成初入期、成长期、成熟期和衰退期，如图 7-20 所示。如果公司产品线处于前两个时期中的某一个，我们希望它稳步向下一个阶段发展，到了成熟期，需要采取必要策略延长成熟期时间，推迟或避免进入衰退期，减少对公司造成的不良影响和后果。

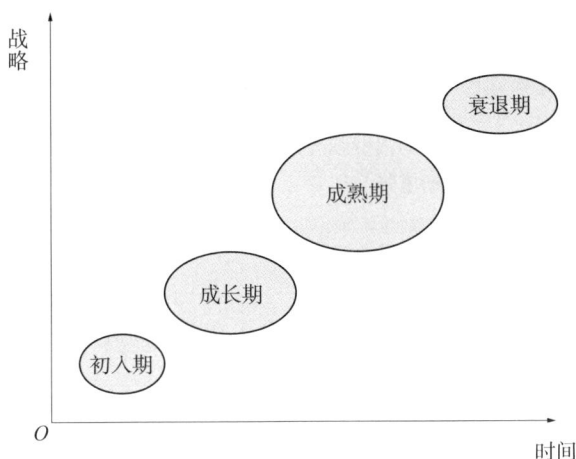

图 7-20　公司产品线的发展阶段

公司产品线发展的每个阶段都有其明显、独有的特征。针对不同的阶段，公司根据产品线整体呈现的不同特征，结合市场发展状况和行业特征可采取不同的战略规划和行动。如表 7-18 所示，我们对产品线在不同生命周期阶段呈现的不同特征进行了归纳总结，并针对性地提出了规划方案。

表 7-18　公司产品线发展阶段的特征及相应策略

发展路径	特征	规划策略
初入期	（1）产品种类稀少，没有形成产品线 （2）销售量低 （3）不能产生利润或者利润较低 （4）消费群主要是爱好新奇者 （5）竞争能力比较弱	（1）以基础型产品为主 （2）重点在扩张市场，通过广告、大量促销、产品试用等方式扩大市场份额 （3）定价采用成本加成法策略
成长期	（1）产品种类逐渐增多，逐步优化公司产品结构，开始形成简单的产品线 （2）增长率较高，销售量显著增加 （3）能够产生一定利润，维持并促进公司继续向前发展	（1）增加产品种类，优化产品结构，进行产品线设置，形成聚焦、突破、布局 3 种产品线 （2）渗透市场，通过扩大生产规模、提高生产能力、增加产品功能、改进产品用途、拓宽销售渠道、开发新市场、降低产品成本、集中资源优势等单一策略或组合策略来开展

发展路径	特征	规划策略
成长期	（4）逐渐发展自己的消费细分市场 （5）竞争能力逐渐增强	（3）战略核心体现在两个方面：利用现有产品开辟新市场实现渗透，向现有市场提供新产品实现渗透
成熟期	（1）产品种类丰富，具有稳定的产品结构和产品线梯队 （2）销售量缓慢增加，逐渐达到顶峰 （3）利润最大 （4）具有稳定的消费人群 （5）竞争地位较高，品牌知名度较大	（1）保持产品差异化，形成多样化的产品和品牌，保持产品线梯队稳定发展 （2）保持市场占有量，努力延长成熟期时间，提高客户对品牌的忠诚度 （3）采用具有竞争性的价格策略
衰退期	（1）优秀的产品替代品大量出现 （2）销售量逐渐降低 （3）利润减少，甚至为负 （4）竞争能力减弱，知名度降低	（1）剔除常年处于弱势的产品线/产品项目，寻求新的发展项目 （2）在原有项目上减少支出 （3）采用削价策略 （4）重新细分市场

通过对公司产品线生命周期的了解，可在此基础上对公司产品线发展进行规划。明确公司产品线发展策略的依据，主要有以下3个方面。

（1）原有产品的市场容量。如果原有产品的市场容量较小，应适当增加新产品线数目，以开拓新市场；如果原有产品市场容量已足够大，那么产品线数目不宜过多。

（2）公司现有的资源条件。如果公司可支配的资源比较充足，可考虑增加一些新产品线。反之，则不易增加。

（3）公司战略目标和方向。如果公司谋求在少数领域发展，产品线数目就应尽可少一些。反之，如果公司追求在多领域综合增长，产品线数目可以多一些。

结合公司产品短期（1～2年）、中期（3～5年）和长期（5年以上）的战略目标规划产品线的发展途径，如图7-21所示。该图显示的是公司已经具有一定数量的产品线，即公司产品线已经步入了成长期阶段。

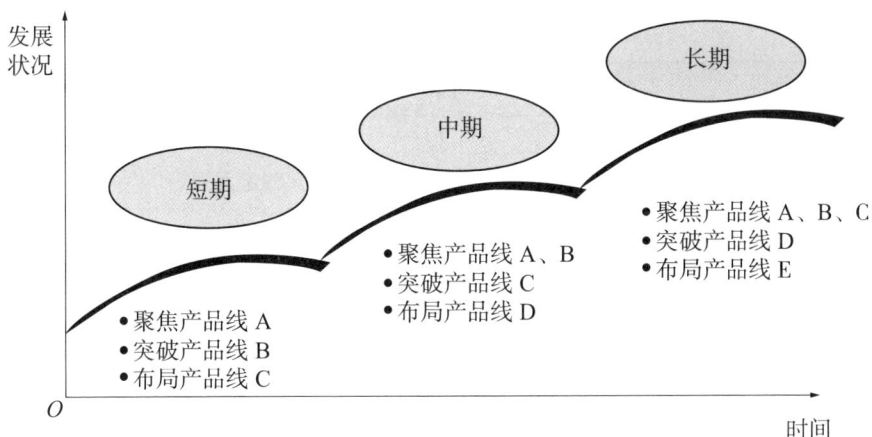

图 7-21 公司产品线发展途径

如表 7-19 所示，公司产品线发展路径是参照短期、中期和长期 3 个时期的目标进行规划的，分别给出了不同时期产品线 "721" 原则的划分和相应策略。但是，到了中期，短期的突破产品线有可能进入聚焦类，也有可能没有突破成功；短期布局产品线有可能发展良好进入突破类，也有可能布局失败。因此，需要在中期开始阶段评估各产品线发展现状，修正产品线的规划路径。同样，对于长期规划，根据需要重新审视当前状态并给予及时修正。

表 7-19 公司产品线发展途径详解

发展阶段	特征	策略
短期	聚焦产品线 A：处于产品线成熟期 / 成长后期	加大销售力度，继续扩大市场地位和份额，增加产品竞争力等
	突破产品线 B：处于产品线成长期	拓宽销售区域、渠道，降低产品成本，形成规模生产
	布局产品线 C：处于产品线初入期	研究消费者特征，采用新技术、新产品等面向老客户进行初步推广
中期	聚焦产品线 A、B：处于产品线成熟期 / 成长后期	加大品牌营销，重点投入、保持并提高产品线市场地位和份额，增加该线新产品等
	突破产品线 C：处于产品线成长期	系统研究目标客户群特征，形成产品线差异化、扩大生产规模、提高生产能力等

发展阶段	特征	策略
长期	聚焦产品线 A、B、C：处于产品线成熟期 / 成长后期	保持产品差异化，形成多样化的产品和品牌，保持产品线梯队稳定发展等
	突破产品线 D：处于产品线成长期	扩大生产规模、提高生产能力等，关注消费者特征和市场环境变化
	布局产品线 E：处于产品线初入期	采用新技术、新产品等可以面向老客户进行初步推广

3. 产品线的销售模式

销售模式是指制造商将产品通过某种方式或手段，送达至消费者的方式。按其中间商的有无，可以分为直销模式和分销模式。生产厂家可以采用其中的一种模式，也可以同时采用这两种模式。

直销模式是指制造商不通过分销商，直接将产品送达至消费者的模式，主要方式包括电视销售、邮购、自动供货机、登门销售等。直销模式没有经销商和相应的库存带来的额外成本，有效缩短通路，贴近消费者，将产品快速送到消费者手中，同时更好地将消费者的意见、需求迅速反馈回企业，有助于企业战略的调整和战术的转换。但是采用直销模式必须具备两大要素：优质的产品和高质量的服务。

分销模式是指制造商通过分销商（代理 / 经销商）将产品辐射至各零售网点，再销售给消费者的模式。它体现了厂商专业化分工的特征。根据分销商的业态模式与获利模式的不同，可以分为 3 种类型：代理商、批发商和零售商（百货商店、杂货商店、超级市场、仓储商店）。分销模式具有较短的信贷期限、低后勤成本和需求，同时可以利用经销商的客户网络，但是该模式可能会失去对终端的控制。

直分一体销售是指生产厂家采用直销和分销两种销售模式。该模式不仅可以利用经销商的网络，弥补直销队伍的不足，还能更好地控制存货，发展与终端客户的关系，但是直销和分销商之间会存在窜货的矛盾。如表 7-20 所示，对直销、分销和直分一体销售模式的特征及利弊进行了分析。

表 7-20　各销售模式的特征及利弊分析

模式	直销	分销	直分一体销售
特征	产品 → 消费者	产品 → 一级批发商 → 二级批发商 → 消费者	产品 → 一级批发商 → 二级批发商 → 消费者
利	（1）更好地抵制假冒伪劣产品 （2）减少中间环节的流通成本，使直销商获得更大的利润空间 （3）主要通过口碑宣传，降低广告成本 （4）返款迅速，加快企业资金周转 （5）更好地控制对终端的服务，发展与终端的客情关系	（1）产品覆盖范围广 （2）减少销售管理成本和费用 （3）有可能利用经销商拥有的客户网络 （4）销售渠道稳定，销量可稳步增长	（1）直销和分销相互支撑，支持产品的快速启动，形成对分销渠道的销售拉力 （2）多个渠道同时运作，最大化所有渠道能量，有助于提高市场份额，更好地树立产品形象 （3）利用经销商的客户网络，弥补直销队伍的不足
弊	（1）销售费用大：需聘请大量直销人员、建立直销渠道 （2）区域局限性强，市场覆盖率低 （3）售后服务无保障	（1）流通成本高，产品价格随之提升，造成消费者或厂家利益受损 （2）失去对终端的控制 （3）建立分销网络需要很长的时间，难以在短期内迅速打开市场	（1）直销和分销商之间存在窜货、冲店的矛盾 （2）人力成本较高，管理难度较大，对企业的组织管理能力要求较高

了解生产厂家的销售模式分类后，应该如何选择呢？可以根据产品 / 服务的单笔价格和客户数量制定模型，即当客户数量少，产品单笔价格高时，建议采取直销模式；当客户数量比较多，产品单笔价格低时，建议通过分销

的模式；中间的可以采取直销、分销一体销售模式。如图 7-22 所示。

消费者数量

低　　　　　　　　　高

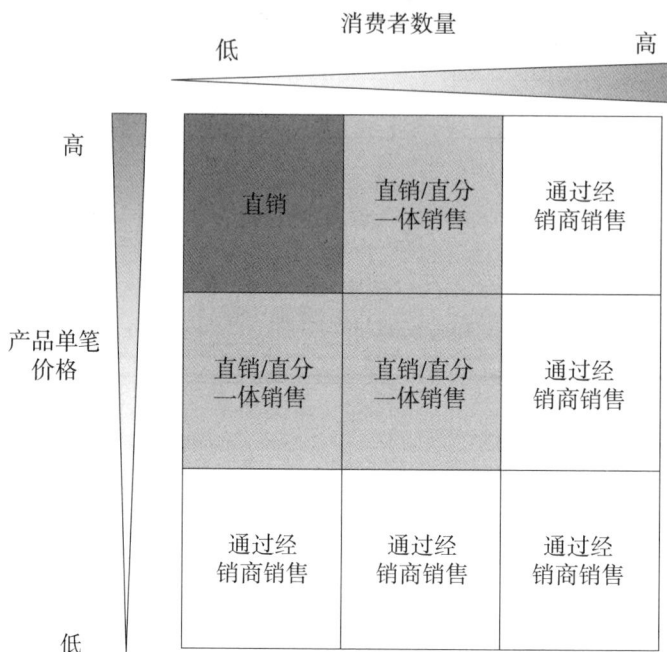

直销	直销/直分一体销售	通过经销商销售
直销/直分一体销售	直销/直分一体销售	通过经销商销售
通过经销商销售	通过经销商销售	通过经销商销售

产品单笔价格

高

低

图 7-22　产品销售模式

对于企业而言，不同的企业具有不同的资源、战略、产品和销售模式，因此每一个企业都应该根据自己的情况设计自己的销售体系和方法。而且，随着时间的推移，环境和企业资源发生变化，企业的销售模式也应随之发生变化。

7.4.2　销售区域规划

利用销售区域定级模型，通过判断公司产品在各销售区域的市场吸引力和市场地位，得出各销售区域所在级别。根据各区域销售数据和定级模型分析结果，对公司产品的销售区域进行规划，主要包括两方面内容：销售区域的"721"原则、销售区域的发展路径。

1. 销售区域的"721"原则

根据各销售区域不同的市场吸引力和地位，公司应采取不同的战略规划，资源分配体现差异化，因此可参考如下分类规则确定公司各销售区域的类别，如图 7-23 所示。

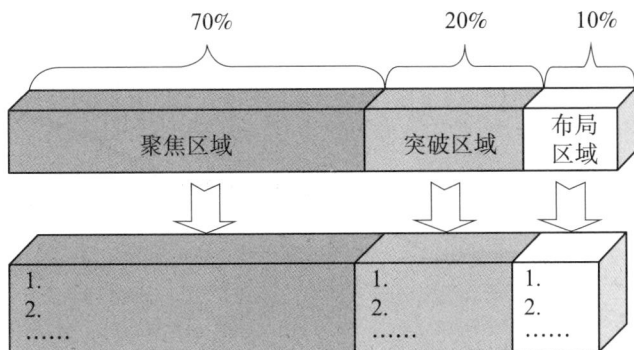

图 7-23　销售区域的"721"原则

（1）聚焦区域：公司目前的重要销售区域，是市场吸引力和市场竞争力都高的区域，它们是公司销售额、现金流、利润、市场份额以及品牌的主要承担者。

（2）突破区域：市场潜力大、销售额迅速增长，能通过重点关注与投入在未来 1～2 年推广成为"明星类"的销售区域。

（3）布局区域：市场潜力大，竞争不激烈，本公司在该区域的市场份额少，市场竞争地位较弱，至少在 1～2 年内较难对公司产生利润的销售区域，但未来发展空间巨大，对公司今后发展具有重要影响，公司为长远发展而进行尝试性布局的销售区域。

对这 3 类销售区域使用"721"原则，建议的资源配置行为是 70% 的资源投入聚焦区域，20% 的资源投入突破区域，10% 的资源投入布局区域。

2. 销售区域的发展路径

公司区域发展路径是按照短期（1～2 年）、中期（3～5 年）和长期（5年以上）3 个时期的区域目标进行规划，分别给出不同时期区域"721"原则划分和相应策略。同样，到了中期，短期的突破区域有可能进入聚焦类，也有可能没有突破成功；短期布局区域有可能发展良好进入突破类，也有可能布局失败。因此，需要在中期开始阶段评估各区域发展现状并修正销售区域的规划路径。同样，对于长期规划，依据需要重新审视当前状态并给予及时修正。如图 7-24 和表 7-21 所示。

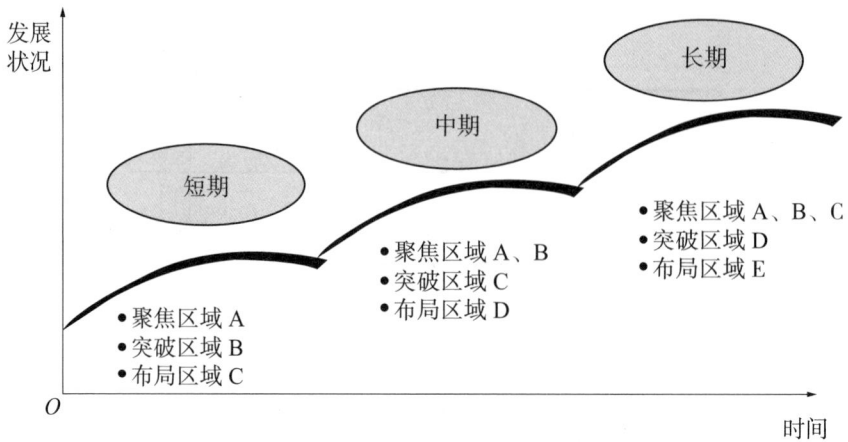

图 7-24　区域发展路径

表 7-21　区域发展路径详解

发展阶段	特征	策略
短期	聚焦区域 A：处于区域成熟期 / 成长后期	加大销售推广力度，提高产品在该区域的竞争地位，投入新产品等
	突破区域 B：处于区域成长期	拓宽销售渠道，加大广告、促销投入，提高产品 / 服务质量，扩大销售额
	布局区域 C：处于区域初入期	选择公司王牌产品进行拓展市场等
中期	聚焦区域 A、B：处于区域成熟期 / 成长后期	保持并提高区域市场地位和份额，维护客户忠诚度等
	突破区域 C：处于区域成长期	研究目标消费群的特点，开展针对性营销活动；加大广告、促销投入，提高产品 / 服务质量等
	布局区域 D：处于区域初入期	选择公司王牌产品进行拓展市场等
长期	聚焦区域 A、B、C：处于区域成熟期 / 成长后期	保持产品差异化，形成多样化的产品和品牌，稳定发展等，并重新细分市场，精耕细作
	突破区域 D：处于区域成长期	扩大生产规模，提高生产能力，关注市场环境和消费者特征的变化等
	布局区域 E：处于区域初入期	选择公司王牌产品进行拓展市场等

7.4.3 销售渠道规划

通过销售渠道定级模型分析，可以得出公司产品的各销售渠道级别，并判断这些销售渠道市场吸引力和竞争地位的强弱，利用以上的分析结果，对公司产品的销售渠道进行规划。

1. 销售渠道的"721"原则

（1）聚焦渠道：公司目前的重要销售渠道，它们是公司现金流、销售额、利润、市场份额以及品牌的主要承担者。

（2）突破渠道：市场潜力大、销售额迅速增长，并有一定销售份额，能通过重点关注和投入在未来 1～2 年推广成为"明星类"的销售渠道。

（3）布局渠道：市场潜力大，竞争不激烈，本公司产品在该渠道的市场份额和竞争地位较弱，至少在 1～2 年内较难对公司产生利润的销售渠道，但未来发展空间巨大，对公司今后发展具有重要影响，公司为长远发展而进行尝试性布局的销售渠道。

对这 3 类销售渠道使用"721"原则，建议的资源配置行为是 70% 的资源投入聚焦渠道，20% 的资源投入突破渠道，10% 的资源投入布局渠道。

2. 销售渠道的发展路径

渠道与产品既有非常密切的联系，又有显著的区别，具体体现在以下四个方面：第一，一个产品可能有一个渠道，也可能有多个渠道；第二，一个渠道可以承载一个产品的销售，也可以承载多个产品的销售；第三，产品进入衰退期退出市场后，渠道并不一定会消失，而是进入调整期；第四，渠道是一个实体，除产品外，还包括企业、中间商、零售商、客户以及相关的物流、信息流、产权流和资金流。渠道实质上是整个供应链条的一部分。因此，渠道和产品较为相似，也有显著不同的生命周期。

在渠道管理过程中，随着产品在不同阶段生命周期特征的出现，客户关系也呈现周期性变化。同时，营销渠道也呈现周期性变化规律，按照产品销售量的变化情况可以分为渠道导入期、渠道扩张期、渠道成熟期、渠道收缩期、渠道调整期 5 个阶段。不同阶段，由于公司目标不一样，具有不同的渠道规划策略，如表 7-22 所示。如一个服装品牌的某一款产品，从上市销售→

流行→畅销→滞销→甩货（或转移到网上销售）就体现了营销渠道这一周期性特点。

表 7-22　渠道的生命周期

阶段	公司目标	规划策略
渠道导入期	占据一定市场份额，扩大产品知名度	（1）"窄渠道"和"短渠道"，迅速实现产品铺货率，尽可能地缩短产品的上市时间，快速进入扩张期 （2）中间商是渠道建设成败的关键，在渠道中占据主导地位，直接关系到企业的市场营销效果
渠道扩张期	有节奏地占有市场份额，尽可能延长产品的成长阶段	（1）"长渠道"和"宽渠道" （2）企业逐步掌握渠道主导权，成为渠道实际控制者 （3）渠道冲突开始产生，渠道价格管理、利润分配成为渠道管理的关键
渠道成熟期	保卫市场份额，获取最大利润，延长产品成熟期生命周期，避免产品提早进入衰退期	（1）"宽渠道"和"渠道扁平化" （2）竞争激烈，渠道冲突常态化，企业通过组建渠道联盟、渠道内部交叉持股、自建渠道等方式对渠道加强控制 （3）终端零售商成为渠道管理的关键
渠道收缩期	削减产品支出，赚取市场最后一桶金	（1）"短渠道""窄渠道"和"主渠道"；缩短战线，集中企业资源使用在最有利渠道上，产品促销规模缩小到最低水平，并逐步淘汰无利润的分销网点，减少并关闭部分效益不佳的渠道 （2）保持渠道的忠诚度，尽量做到与渠道成员协商退市，以便企业今后新产品进入市场时能够再次利用已建立的渠道网络
渠道调整期	在原有渠道的基础上，尽可能降低渠道开发成本，选择新产品进入市场的营销渠道	（1）依托原有渠道建立的成员忠诚度、人脉、客户群，对渠道进行根本性的调整，如从城市市场转移到农村市场，从传统渠道转移到网络渠道，利用现有渠道销售新开发的升级换代产品，即"渠道重整再造"，利用旧产品的渠道开发新产品渠道 （2）延长渠道的收缩期，为新渠道导入，开始新的渠道生命周期打基础

在表 7-23 中，我们提到了"长渠道""短渠道""宽渠道""窄渠道"等

名词，它们是根据渠道的长度和宽度来命名的。渠道的长度是在产品从生产者生产到消费者购买的过程中，拥有的不同层次的中间商数目，构成渠道的长度。一般情况下，商品生产者在某一特定目标市场上经过两道或两道以上的中间环节的产品称为"长渠道"；只经过一道环节的称为"短渠道"。渠道的宽度是在渠道的某一层次上拥有中间商数目的多少。一般的分类标准是指商品生产者在某一特定目标市场某一层次上（如批发或零售）选择两个以上中间商销售本企业的产品称为"宽渠道"；只选择一个中间商的称为"窄渠道"。

公司渠道发展路径是按照短期（1～2年）、中期（3～5年）和长期（5年以上）3个时期的目标进行规划的，分别给出了不同时期"721"原则和相应策略。但是，到了中期，短期的突破渠道有可能进入聚焦类，也有可能没有突破成功；短期布局渠道有可能发展良好进入突破类，也有可能布局失败，因此需要在中期开始阶段评估各产品线发展现状，修正产品线的规划路径。同样，对于长期规划，需要重新审视当前状态并给予及时修正。如图 7-25 和表 7-23 所示。

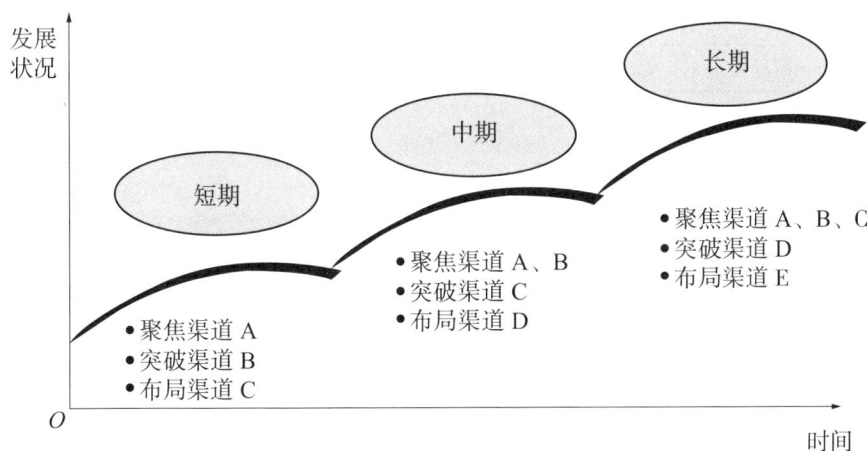

图 7-25　公司渠道发展路径

表 7-23　渠道发展路径详解

发展阶段	特征	策略
短期	聚焦渠道 A：处于渠道成熟期 / 扩张后期	加大销售推广力度，扩大销售额，提高产品在该渠道的竞争地位，投入新产品等
	突破渠道 B：处于渠道扩张期	拓宽销售渠道，加大广告、促销投入，提高产品 / 服务质量
	布局渠道 C：处于渠道导入期	研究渠道特点，选择公司王牌产品进行拓展市场等
中期	聚焦渠道 A、B：处于渠道成熟期 / 扩张后期	保持并提高渠道市场地位和份额，维护客户忠诚度等
	突破渠道 C：处于渠道扩张期	研究渠道特点，开拓渠道的深度和宽度，加大广告、促销投入，提高产品 / 服务质量等
	布局渠道 D：处于渠道导入期	选择公司王牌产品进行拓展市场等
长期	聚焦渠道 A、B、C：处于渠道成熟期 / 扩张后期	保持产品差异化，形成多样化的产品和品牌，稳定发展等
	突破渠道 D：处于渠道扩张期	关注渠道变化，自身优劣势变化，选择合适的渠道模式，扩大生产规模、提高生产能力等
	布局渠道 E：处于渠道导入期	选择公司王牌产品进行拓展市场等

第8章
产品线战略规划

8.1 产品线战略规划概述

前面我们从公司级角度对公司产品线整体进行了规划，本章的产品线战略规划定位于单条产品线。产品线战略规划是以公司级产品战略规划为依据，运用严格、规范的方法对单条产品线市场情况、客户需求、竞争环境、产品结构进行分析，最后，明确产品线内产品结构与目标，规划其区域和渠道。

产品线战略规划具有承前启后的作用，它将规划落实到每一条产品线，为每条产品线的发展指引方向，规划发展途径，并给予策略支持。

8.1.1 产品线战略规划内容

对于公司的每一条产品线，规划人员需要进行具体分析，并结合公司产品的整体规划对各产品线进行详细规划，主要内容包括以下方面：

（1）明确产品线的细分市场，分析各细分市场的潜力；

（2）确定产品线竞争对手，与各竞争对手进行能力比较，掌握自己和竞争对手的优势、劣势及竞争策略，明确产品线内核心产品的市场竞争地位；

（3）对产品线内部产品进行排序和利用 SPAN 进行分析，明确各产品之间的关系；

（4）规划产品线内部产品的"721"原则，明确各产品线内部的聚焦产品、突破产品和布局产品，并进行目标细分，规划产品线的发展方向和方式；

（5）规划各产品线销售区域的"721"原则，明确聚焦区域、突破区域和布局区域，对产品线进行区域目标细分；

（6）规划各产品线销售渠道的"721"原则，明确聚焦渠道、突破渠道和布局渠道，对产品线进行渠道目标细分。

8.1.2　产品线战略规划流程

产品线规划流程是产品战略规划的核心流程之一，规划人员可以参考以下步骤对产品线进行战略规划。

第一步：产品线市场环境分析。通过全面调研，明确产品线的细分市场，分析细分市场的潜力；确定产品线的竞争对手，与竞争对手进行能力比较，对产品进行竞争定位。

第二步：产品线结构分析。对产品线内各产品进行排序，利用 SPAN 掌握产品的战略分布，分析各产品之间的关系。

第三步：产品线结构规划。对产品线内各产品进行"721"原则，并将产品线目标细分到每个产品，规划产品线的长度、深度以及各产品的发展途径。

第四步：产品线区域规划。对产品线的各销售区域进行"721"原则，并将产品线目标细分到每个区域。

第五步：产品线渠道规划。对产品线的各销售渠道进行"721"原则，并将产品线目标细分到每个渠道。

8.1.3　产品线战略规划的作用

产品线战略规划是在公司级产品战略规划的基础上对单条产品线进行规划，是公司级产品规划和单个产品规划的桥梁，发挥着重要作用，它主要体现在以下几个方面。

1. 帮助企业对未来消费者偏好的变化快速作出反应

当产品线中产品的个数足够多并涵盖消费者所有的偏好可能时（比如衣服的各种颜色），消费群体的任何偏好变化（比如今年的春季流行色）都能通过各产品间的需求变化反映出来。对于只有单一产品或极少产品的生产者（比如只生产黑色和白色的衣服）来说，他们较难通过产品需求的变化推断出消费者的偏好变化。此外，很多采取产品线策略的企业都会使用模块化生产的理念。当消费者偏好发生变化时，企业并不需要对产品的每个细节进行重新设计，而只需要对其中部分模块进行改进，这为企业的快速反应创造了可能。

2. 满足消费者的多样化需求和偏好

产品线存在的基础是消费者需求的差异性，目的是针对不同的消费者设计不同的产品，因此同一产品线内不同产品可以满足消费者的不同需求与偏好。同时，可以帮助企业提高竞争力，占据更大的市场份额。

3. 设立门槛，阻碍竞争者进入市场

当产品线中产品种类增加，市场需求得到有效满足时，这些产品所在的产品线可以间接地形成市场准入门槛，增加行业壁垒，阻碍竞争者的进入。

8.2　产品线市场环境分析

产品线市场环境分析包括全面调研本产品线的市场，明确该产品线的细分市场，分析各细分市场的潜力；收集、整理竞争对手信息、产品信息，明确产品线及内部产品的竞争对手，与竞争对手进行能力比较，对内部产品进行竞争定位分析。通过以上分析，我们可以发现该产品线的潜在机会与威胁，为产品线后续规划活动提供市场数据。该部分主要由产品线经理负责，各产品经理和各区域经理上报具体负责的产品信息，协助汇总完成。

8.2.1　产品线的细分市场

1. 确定产品线的细分市场

产品线的细分市场即产品线的目标客户群，按产品线内部产品的需求和偏好不同，划分成不同的市场。首先，通过"谁""买什么"和"为什么买" 3 个层面对本产品线所包含的市场进行细分，得出多个可能的备选细分市场。然后，对备选的细分市场进行潜力分析，选出初步的目标市场。最后，收集初步目标细分市场的市场情报，进行调研和验证，为每一细分市场准备一份市场简介，结合公司产品的特点确定目标市场。

通过明确产品线的细分市场，一方面，可以明确该产品线的消费目标群，分析产品线内部产品之间的关系；另一方面，利用细分市场与现有产品的匹

配关系，发现该产品线的空白市场或内部产品之间有冲突的细分市场，为现有产品规划管理及新产品开发提供有效信息。

案例分享

以 ×× 医药公司处方药产品线为例，分析该产品线的细分市场。

第一步，识别市场，确定处方药产品线的市场需求范围。

该公司处方药产品线主要有处方药 -11，处方药 -12，处方药 -21 等产品，产品主要功能覆盖补血、提高免疫力、辅助治疗肿瘤、改善睡眠、止血消炎、升高血小板等方面。因此，该产品线市场需求范围是 18 岁以上需要补血和提高免疫力的成年人。

第二步，确定市场细分变量。

（1）列举潜在消费者的基本需求。

确定公司处方药产品线的市场范围后，需要明确客户的基本需求，为后面的深入分析提供基本资料。该医药公司通过调查，发现消费者购买本公司处方药的基本需求为补血、止血、消炎和改善贫血。

（2）了解潜在用户的不同要求。

虽然补血、止血、消炎和改善贫血是所有消费者共同强调的，但不同消费群体需求的原因是不一样的。比如，该公司通过调查，了解到青年人购买该产品线上的处方药 -12 主要是因为分娩、人流、药流、引产，或者取 / 放环出血、子宫肌瘤出血、月经过多需要止血消炎；中年人购买该产品线上的处方药 -12 是因为子宫肌瘤出血、月经过多需要止血消炎；而老年客户群几乎没有购买该产品线的处方药 -12。通过差异比较，不同消费者群体即可被初步识别出来，如表 8-1 所示。

表 8-1　处方药产品线的市场调查结果

谁	买什么	为什么买
青年人	处方药 -11	贫血需补血 产后需补血 手术后需补血 血液病患者需补血

续表

谁	买什么	为什么买
青年人	处方药-12	足月分娩后需止血、消炎 人流后需止血、消炎 药流后需止血、消炎 中期引产后需止血、消炎 取/放环出血需止血、消炎 子宫肌瘤出血需止血、消炎 月经过多需止血、消炎
	处方药-21	肿瘤贫血患者改善贫血 外科围手术期贫血患者需改善贫血 重度血液病患者需改善贫血
中年人	处方药-11	贫血需补血
	处方药-12	子宫肌瘤出血需止血、消炎 月经过多需止血、消炎 消炎
	处方药-21	中度肾性贫血患者改善贫血 重度肾性贫血患者改善贫血 肿瘤贫血患者改善贫血 外科围手术期贫血患者需改善贫血 妇科手术后需改善贫血
老年人	处方药-11	贫血需补血 预防疾病，提高免疫力 需要改善睡眠质量
	处方药-12	无
	处方药-21	中度肾性贫血患者改善贫血 重度肾性贫血患者改善贫血 肿瘤贫血患者改善贫血 外科围手术期贫血患者需改善贫血

2. 产品线细分市场潜力分析

产品线市场潜力分析包括产品线细分市场潜力分析和产品线主销产品潜力分析两部分。这里我们介绍产品线细分市场潜力分析。

产品线细分市场潜力分析能够评估该市场的未来发展空间，可以从市场容量、市场增长率和竞争程度 3 个要素进行评估。由于市场环境的变化性，一般采用定性的方法。评估者一方面根据评估对象的性质、特点、过去和现在的相关数据和最新信息，另一方面结合直觉、经验对不确定的要素进行范围确定。例如，可以将某行业市场潜力分为大、中、小 3 个级别，如图 8-1 所示，对 3 个细分市场的市场级别具体要求如下。

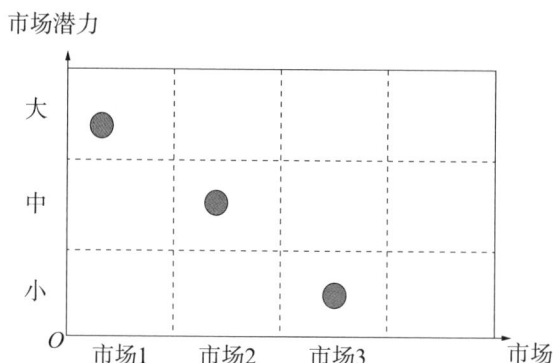

图 8-1　市场潜力定位图

市场潜力大：市场空间大于 100 亿元，增长率＞ 25%，竞争者之间的份额差距很明显（领导者与其他任何一个对手差距＞ 30%）。

市场潜力中：市场空间大于 50 亿元、小于 100 亿元，15%＜增长率＜25%，竞争者之间的份额差距明显。

市场潜力小：市场空间小于 50 亿元，增长率＜ 15%，竞争者之间的份额几乎相当。

市场潜力分析为产品线选择目标细分市场提供依据，为产品线内新产品的研发或者产品的路径规划提供支持，为生产地点和销售地点的决策提供参考依据。另外，它还能用于设定目标和评估绩效。市场潜力提供了要尝试达到的标准。

8.2.2　产品线竞争分析

1. 确定产品线的竞争对手

首先明确该产品线的竞争对手，并且对竞争对手按照重要性或者直接性进行排序，清楚竞争对手的竞争范围，包括竞争对手的主要竞争区域、渠道以及产品的功能范围，如表 8-2 所示。

表 8-2　某产品线的主要竞争对手统计表

排序	竞争对手	竞争范围
1		
2		
……		

2. 与竞争对手能力比较

明确产品线的竞争对手，分析竞争对手在竞争优势、竞争劣势、品牌认可度、竞争策略等方面，如表 8-3 所示的相关信息，并与本公司产品线的优劣势相比较，如表 8-4 所示，从而为产品线的战略规划提供参考依据，制定有针对性的竞争策略和资源分配。本部分内容由产品线经理总体负责，由产品经理和各区域经理分析汇总，由商务经理、推广经理、推广代表、终端拦截员和忠诚的消费者等人员参与讨论、确定。

表 8-3　竞争能力比较指标

竞争指标	说明
竞争优势	可以从竞争态势、品牌知名度、财政来源、企业形象、技术力量、规模经济、产品质量、市场份额、成本优势、广告攻势等方面分析
竞争劣势	从设备老化、管理混乱、缺少关键技术、研究开发落后、资金短缺、经营不善、产品积压、竞争力差等方面分析
品牌认可度	人们对一个企业及其产品、售后服务、文化价值的一种评价和认知程度
竞争策略	为了防御或进攻竞争对手所采取的方式方法

表 8-4　与竞争对手比较

参考指标	本公司产品线	竞争对手 1	竞争对手 2	……
竞争优势				
竞争劣势				
品牌认可度				
竞争策略				

案例分享

以××医药公司产品线A为例。它主要有3个竞争对手，我们从竞争优势、竞争劣势、品牌认可度和竞争策略4个方面分析产品线A及其竞争对手，如表8-5所示。

表8-5　产品线A与竞争对手能力比较

参考指标	产品线A	竞争对手1	竞争对手2	竞争对手3
竞争优势	大品牌、质量有保证、效果好、认知度高、美誉度好、售后服务好	价格低、操作灵活（代销＋代金销售）、认知度较高	广告宣传力度大、价格低、促销费高、代销、地方品牌、影响力大、认知度较高、市场人员配置多	价格较低、促销费高、代销、终端利润大
竞争劣势	价格偏高、无促销费、货源不充足、终端利润偏低	价格混乱、质量无保证、文化底蕴薄弱、顾客对公司忠诚度低、广告投入少	地方品牌（全国覆盖度低）、质量无保证、供货渠道混乱、价格混乱、包装档次低、人员素质较低	质量无保证（较差）、品牌形象较差、人员素质较低
品牌认可度	相当高	一般	一般（部分地区高）	低
竞争策略	营业员培训、社区推广、健康知识讲座、小型促销活动、药店包装	设置药店拦截员、代金销售	渠道、终端促销力度大、代销＋代金销售、设置拦截员、地面宣传力度大（条幅、墙体）	借助其他品牌的影响力，采取跟随策略，误导消费者

产品线A具有非常高的品牌认可度，这源于它是大品牌，有质量保证，以及良好的产品效果和售后服务，但是它存在价格偏高、货源不充足、终端利润偏低等劣势。在竞争过程中，公司采取了营业员培训、社区推广、健康知识讲座和小型促销活动等竞争策略。

竞争对手1的品牌认可度一般，这主要是由于该公司文化底蕴薄弱、广告投入少和产品质量无保证等原因造成的，但是由于该公司设置药店拦截员、代金销售的竞争策略，使得该产品的认知度较高。

竞争对手 2 的品牌认可度也一般，这是由于它是地方品牌，全国覆盖度低，同时供货渠道混乱、包装档次低和人员素质较低等因素也严重影响了该产品的竞争力，但是较大的广告宣传力度和低价格使得该产品的认知度较高。

竞争对手 3 的品牌认可度较低，这是由于该产品质量无保证（较差）、人员素质较低等原因造成的，但是该产品也具有价格较低、促销费高，以及代销、终端利润大等优势。

3. 产品的竞争定位

基于对产品线及内部产品与竞争对手之间的分析，可以借助市场份额、产品优势、成长性、品牌等评价指标确定本产品线内各产品的竞争地位，并进行竞争地位排序。目的是观察产品线内各产品的市场竞争力并进行比较，关注具有较大市场竞争力的产品，发现竞争力较弱的产品并分析原因，同时能为产品线 SPAN 作数据准备。

8.3　产品线结构分析

产品线结构是指单条产品线内部各产品的梯队关系。结构分析包括三部分内容：第一部分是对产品线内部产品进行排序，确定产品市场吸引力、竞争地位和财务能力的综合表现力；第二部分利用 SPAN 确定各产品在 SPAN 图中的位置，分析该产品线结构合理性；第三部分是分析产品线内部各产品之间的关系。

分析单条产品线内部结构可为该产品线战略规划提供信息，合理配置产品线结构，形成良好的产品梯度，支持产品线的长期、可持续发展。

8.3.1　产品排序

单条产品线内部产品的排序可从市场吸引力、竞争地位和财务能力 3 个维度，结合企业产品实际情况选择各评价指标的影响因素作为组合决策标准的评价因素，根据所属行业、企业的实际情况确定各影响因素权重（各权重相加和为 100%），再对每个影响因素按照相应的评分标准进行评分，最后统计出每个产品的总分，并按照得分由高至低将产品线内的各产品进行排序。

案例分享

以 ×× 医药公司西药产品线中各产品为对象，介绍产品排序的方法。该公司西药产品线包含 12 种产品，如表 8-6 所示，列举了该产品线的 5 种产品，即西药 -11、西药 -12、西药 -21、西药 -22、西药 -23。其中，评价指标市场吸引力、竞争地位和财务能力分别占 50%、30% 和 20% 的权重。市场吸引力考虑了市场空间（7%）、竞争程度（3%）、市场成长性（10%）、战略价值（10%）和毛利率（20%）5 个影响因素；竞争地位考虑了市场份额（10%）、产品优势（4%）、品牌优势（14%）和渠道能力（2%）4 个影响因素；财务能力考虑了开发费用（5%）、销售收入增长率（10%）和现金流贡献（5%）3 个参考因素。各影响因素的评分标准如表 8-7 所示。

表 8-6　×× 公司西药产品线各产品评分表

评价指标	因素	权重	西药 -11	西药 -12	西药 -21	西药 -22	西药 -23	……
市场吸引力（50%）	市场空间	7%	7	4	1	7	4	
	竞争程度	3%	10	1	1	7	4	
	市场成长性	10%	4	7	4	1	4	
	战略价值	10%	10	7	4	7	4	
	毛利率	20%	4	7	4	1	7	
竞争地位（30%）	市场份额	10%	7	7	4	1	1	
	产品优势	4%	7	4	10	4	7	
	品牌优势	14%	7	4	10	4	4	
	渠道能力	2%	10	1	7	4	4	
财务能力（20%）	开发费用	5%	7	4	7	4	10	
	销售收入增长率	10%	7	4	1	1	4	
	现金流贡献	5%	10	4	1	1	7	
综合得分		100%	6.7	5.35	4.54	2.95	4.87	

表 8-7　影响因素评分标准

影响因素	评分标准			
	10 分	7 分	4 分	1 分
市场空间	> 10 亿元	5 亿～ 10 亿元	1 亿～ 5 亿元	< 1 亿元
竞争程度	相差悬殊，份额相差 > 40%	相差较明显，份额相差 20%～ 40%	相差不明显，份额相差 10%～ 20%	实力接近，份额相差 < 10%
市场成长性	> 30%	> 20%	> 10%	< 10%
战略价值	与公司核心竞争力直接相关的产品	与公司核心竞争力相关的产品	与公司核心竞争力间接相关的产品	与公司核心竞争力无关的产品
毛利率	> 60%	40%～ 60%	30%～ 40%	< 30%
市场份额	> 50%	20%～ 50%	10%～ 20%	< 10%
产品优势	明显优于同类产品	有局部优势	疗效低于同类	质量差
品牌优势	品牌能够直接产生购买	品牌能够促进购买	品牌影响力弱	几乎无品牌影响力
渠道能力	渠道的实力优秀，且受控制	渠道实力较好且能够控制	渠道实力一般或无法控制	渠道实力一般且难以控制
开发费用	投入 >10% 销售额	投入为 6%～ 9% 销售额	投入为 3%～ 5% 销售额	投入 < 3% 销售额
销售收入增长率	> 0%	10%～ 20%	5%～ 10%	< 5%
现金流贡献	重要的现金流来源	非重要的现金流来源	盈亏平衡	亏损

如表 8-8 所示，将各产品的计算结果按得分由高至低排序后可观察到，西药 -11 在这 5 个产品中的综合实力最强，西药 -12 次之，西药 -22 的综合实力较弱。

表 8-8　产品线中各产品排序结果

排序结果	产品名称	综合评价（得分）
1	西药 -11	6.7
2	西药 -12	5.35
3	西药 -23	4.87
4	西药 -21	4.54
5	西药 -22	2.95
……		

8.3.2　产品线的 SPAN

产品排序是对产品综合性能的评估，但从产品排序结果中，不能确定各产品的优势和劣势，因而不能直接确定该产品线的内部结构和制定针对性的营销策略。

利用 SPAN 图，对产品线内各产品从市场吸引力和竞争地位两个维度进行分析，选择适合本公司的分析指标进行计算，最后将结果绘制在 SPAN 图中。SPAN 图的不同表现形式具有不同的含义，如表 8-9 所示，列举了典型的结构分布，即绩优股、蓝筹股、潜力股、ST 股。

表 8-9　产品线的 SPAN

结构级别	数量表现形式	说明
绩优股		产品主要分布在第一、第二、第三区域，其中第一区域是产品线收入的主要支撑，这种表现形式的产品线具有优秀的产品结构、良好的产品梯队
蓝筹股		产品主要落在第三区域，它是该产品线收入的主要来源；第一、第二区域也有部分产品，收入贡献较少；第四区域产品数量极少且贡献率很低，该表现形式的产品线在市场上具有较高的竞争地位
潜力股		产品主要落在第二区域，它是该产品线收入的主要来源；第一、第三区域也有部分产品，对该产品线收入贡献了部分力量；第四区域产品数量极少且贡献率很低，该表现形式的产品线在市场上具有较高的市场吸引力

结构级别	数量表现形式	说明
ST 股		产品主要落在第四区域，它是该产品线收入的主要来源；第二、第三区域也有部分产品，对该产品线收入贡献了部分力量；第一区域产品数量极少且贡献率很低，该表现形式的产品线结构抗风险能力差

在进行产品战略定位分析时，应把产品线内的产品尽量多地进行战略地位分析。一是有利于明确产品线产品结构的合理性；二是有利于对各个产品进行战略角色定位；三是为各个产品的营销策略提供依据。

8.3.3　产品之间的关系

产品线内部各产品之间的关系，主要有竞争和互补两种。竞争关系是指两个或多个产品的目标客户群发生重叠，各产品为了扩大自己的市场份额，提高利润而在一系列经营活动中产生的互争的状态。互补关系是指两个或多个产品之间互相补充或相互作用才能实现产品的功效，产生更大的经济效益。例如，汽车与汽油就是互补关系。

明确产品线内部产品之间的关系类别，可以采取不同的规划方案和销售策略。如果是互补关系的产品，就进行产品组合；如果是竞争关系的产品，就要采取产品分隔销售。分隔销售主要有区域分隔销售、渠道分隔销售、价格分隔销售和产品组合分隔销售。分隔过程中可采取以上 4 种分隔方式中的一种或多种组合对竞争关系的产品进行分隔。

产品线在开发新产品时，应尽量避免产品之间的竞争关系，如果有竞争关系，应该在产品投放市场前就做好竞争产品之间的分隔。

案例分享

以 ×× 阿胶公司阿胶类中成药产品线中各产品为对象，主要有阿胶（固体块）、阿胶（液体）、复方阿胶浆、复方阿胶颗粒、阿胶补血膏、阿胶补血颗粒等产品。

分析各产品的功能和剂型，由于这些产品都有补气养血的功能，其具体功能如表8-10所示，因此它们是竞争的关系，建议在价格和区域上进行分隔。复方阿胶浆主要在一线城市药店和三甲医院销售，价格较高，而复方阿胶颗粒只在社区和二、三线城市药店销售，且价格较低。

表8-10　阿胶类中成药产品线内产品的功效

名称	主治功能	主销区
阿胶（固体块）	补血滋阴、润燥、止血，用于血虚萎黄、眩晕心悸、心烦不眠、肺燥咳嗽	主销广东地区，用于煲汤，价格低
复方阿胶浆	补气养血，用于气血两虚、头晕目眩、心悸失眠、食欲不振及白细胞减少症和贫血	主销一线城市的三甲医院、价格较高
复方阿胶颗粒	补气养血，用于气血两虚、头晕目眩、心悸失眠、食欲不振及贫血	主销社区和二、三线城市药店，价格低
阿胶补血膏	滋阴补血、补中益气、健脾润肺，用于久病体弱、血亏目昏、虚痨咳嗽，用于术后、病后、产后补血滋养	主销医院，主要购买人群为医院病人
阿胶补血颗粒	益气补血，用于久病体弱、气虚血亏	主要针对年轻白领女性，服用方便，价格高
阿胶（液体）	补血滋阴、润燥、止血，用于血虚萎黄、眩晕心悸、心烦不眠、虚风内动、肺燥咳嗽	主销长江中下游江浙一带，主要在秋冬季销售

阿胶（固体块）和阿胶（液体）、阿胶补血膏和阿胶补血颗粒都在产品功效上没有太大差别，只是为了患者使用方便及药物用量的准确性和稳定性，产品剂型设计有所不同，因此它们也是竞争的关系。

8.4　产品线规划

基于本章前几节对单条产品线的市场分析、竞争分析与结构分析，为了促进单条产品线健康发展和目标与愿景的顺利完成，本节我们将运用一套系统的方法、工具对单条产品线进行战略规划。

8.4.1 产品线结构规划

参照分析结果，产品线的结构规划包括产品线内部的"721"原则、产品目标细化和产品线的发展规划3部分内容。

1. 产品线内部的"721"原则

产品线内产品"721"原则是产品线发展规划的核心内容之一，有利于集中精力和资源突破市场吸引力和竞争地位高的产品，这符合产品生命周期理论的发展规律。

对产品使用"721"原则，建议的资源配置行为是70%的资源投入聚焦产品，20%的资源投入突破产品，10%的资源投入布局产品。

案例分享

以××公司家用变频空调挂机产品线为例。该产品线有节能、舒适气流（舒流）、静音和超薄4种基本款空调，每款空调包含1匹和1.5匹两种类型。2020—2022年各产品的销售额如表8-11和图8-2所示，同时从市场吸引力和竞争地位两个维度分析各产品的市场位置，结果如图8-3所示。

表8-11　××公司家用变频空调挂机产品线各产品销售额

单位：千万元

时间/年	节能		舒适气流		静音		超薄		合计
	1匹	1.5匹	1匹	1.5匹	1匹	1.5匹	1匹	1.5匹	
2020	3.5	6.9	2.2	4.2	1.8	3.8	0.9	1.8	25.1
2021	4.2	8.5	3.1	5.6	2.3	4.5	1.2	2.4	31.8
2022	5.3	10.2	3.9	7.5	3.6	5.5	1.8	3.8	41.6

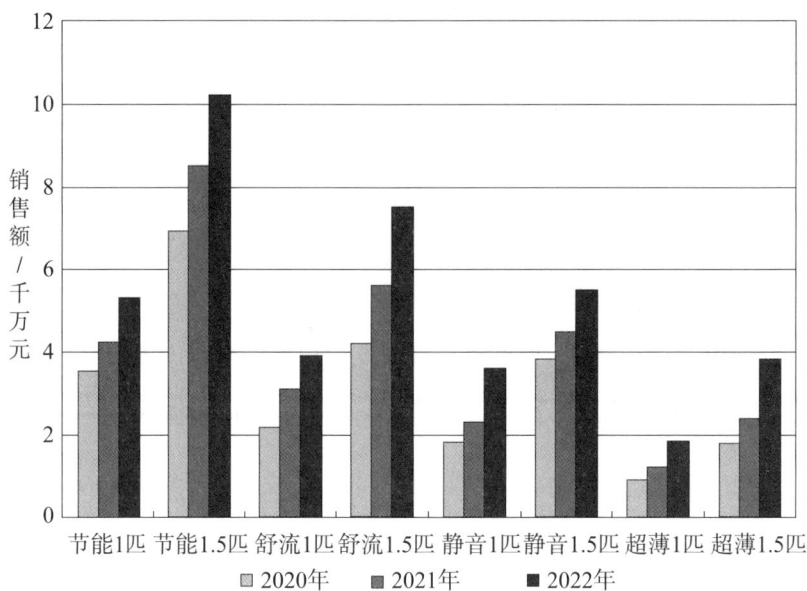

图 8-2　××公司家用变频空调挂机产品线各产品销售额

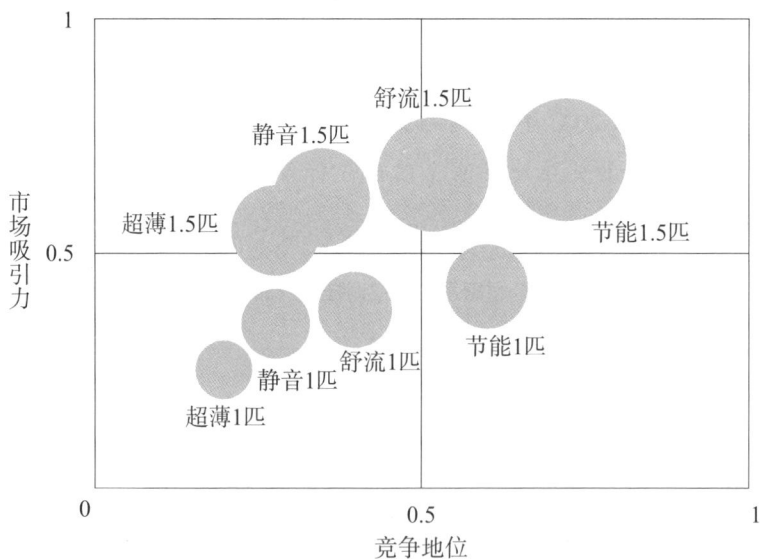

图 8-3　××公司家用变频空调挂机产品线各产品定位

观察以上两图并结合产品线内产品的"721"原则，该产品线内产品的"721"原则划分如图 8-4 所示。

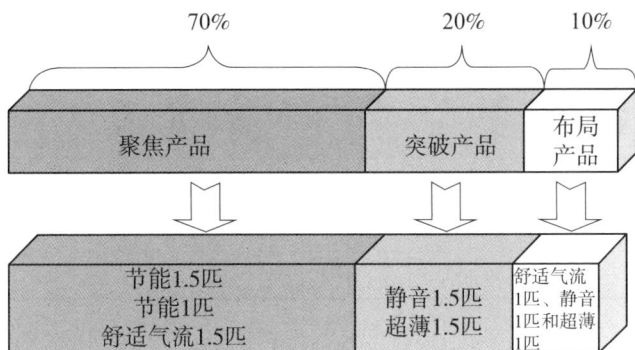

图 8-4　家用变频空调挂机产品线产品的"721"原则

聚焦产品：节能 1.5 匹、舒适气流 1.5 匹和节能 1 匹变频挂式空调。这 3 类空调从功能和匹数上比较符合主流消费者的需求，因此年销售额较高，是该产品线的主要产品，具有较高的市场吸引力和竞争地位。

突破产品：静音 1.5 匹和超薄 1.5 匹变频挂式空调。这两个产品主要是针对具有较高生活品质的客户，市场吸引力大，竞争地位仅次于"7"类的产品。

布局产品：舒适气流 1 匹、静音 1 匹和超薄 1 匹变频挂式空调。这三个产品是为小户型房屋且具有较高生活品质要求的客户开发的，主要在我国的各大城市销售，是为了扩大产品线份额设计的，因此产品市场吸引力和竞争地位相对较弱。

2. 产品目标细化

产品目标细化是将产品线目标细化到每个产品中，规划出每个产品在未来几年需承担的销售任务。通过产品"721"原则明确本产品线内各产品的划分情况，进而制定未来三年各产品的销售额、增长率和贡献率，规划结果如表 8-12 所示。其中，T 表示今年的年份，T+1 表示未来第一年，T+2 表示未来第二年，以此类推，一般情况不超过 3 年。i 代表公司不同产品线，j 代表 i 产品线中的某个产品。

表 8-12 产品线 1 目标的产品细化

年份	产品 -11			产品 -12			……	产品 -ij			……	合计	
	销售额	增长率	贡献率	销售额	增长率	贡献率		销售额	增长率	贡献率		总销售额	平均增长率
T+1													
T+2													
T+3													

3. 产品线的发展规划

产品线的发展规划是参照该产品线的目标，规划该产品线的发展方向和途径，主要包括产品线的长度规划和内部产品的发展规划。

（1）产品线的长度规划。

产品线长度规划是产品线发展策略的首要问题。增加产品线长度，可以满足更多消费者的不同需求，吸引更多的消费者。但是产品线加长将会使一些产品成本上升，如果成本上升幅度超过了利润上升水平，此策略就失去了意义。因此产品线既不能过长，又不能过短，一定要适度。

规划产品线长度的主要依据是市场需求、企业生产经营能力和企业战略目标。如果目标市场需求差异较小，产品线可以短些，反之则长些。如果企业生产经营能力较强，则产品线可以长些，反之则短些。如果企业的战略目标是谋求在本行业中占据主导地位，获得较高的市场占有率和市场增长率，产品线可长些；如果企业的战略目标是取得较高的利润收益，产品线就可短些，并且选择利润率高的产品项目。

关于产品线长度问题的发展策略有产品线向上延伸、产品线向下延伸、产品线双向延伸、产品线填充以及产品线削减策略。其中，前四种是增加产品线长度的策略，最后一种是减短产品线长度的策略。发展策略的详细信息如表 8-13 所示。

表 8-13　产品线长度发展策略

发展策略	说明	动机	风险
产品线向上延伸	在市场上位于低档产品的企业可能会打算进入高档产品市场	（1）企业被高档产品较高的增长率和较高的利润所吸引 （2）为使企业成为具有完整产品线的制造商	（1）市场上高档产品的竞争对手不仅会固守阵地，而且还会反过来进入低档产品市场 （2）从分销商和销售代表来看，可能会因为缺乏必要的能力，不能很好地在较高档次的产品市场发挥作用
产品线向下延伸	企业最初位于市场的高端，随后产品线向下延伸	（1）企业在高档产品市场受到攻击，决定在低档产品市场进行反击 （2）企业在高档产品市场增长缓慢 （3）企业最初步入高档市场是为了树立质量形象，然后再向下延伸 （4）填补市场空隙，否则其竞争对手会乘虚而入	（1）扩张同时，企业扩展低档产品可能会激发竞争者将产品品种相应转移到高档产品方面 （2）公司的经销商有可能不愿意或者没有能力经营低档产品，因为这些产品获利性小，并且可能损害经销商的形象
双向延伸	定位于市场中端的企业可能会向上、下两个方面延伸自己的产品线	企业发展势头良好时，向上延伸可以提升品牌档次，增加利润幅度；向下延伸可以吸引更多的消费者，健全整个产品系列	
产品线填充	在现有产品线的范围内增加一些品种，从而使产品线拉长	（1）获取增量利润，满足那些经常抱怨由于产品线不足而使销售额下降的经销商 （2）充分利用剩余的生产能 （3）争取成为领先的、产品线全满的公司 （4）设法填补市场空隙，防止竞争者的参与	（1）新旧产品自相残杀 （2）在消费者心目中造成混乱 （3）新旧产品的品种没有显著的差异

续表

发展策略	说明	动机	风险
产品线削减	去掉现有产品线的某些产品项目，缩短产品线	（1）产品线中可能包含使利润减少的、卖不掉的陈货，可以通过销售额和成本的分析来识别疲软的项目 （2）公司缺乏使所有项目都达到期望销售量的生产能力	

案例分享

如表8-13所示，对产品线发展策略的详细解释，以河北小洋人、雀巢乳品和蒙牛这三家公司为例，展示他们对产品线长度的规划案例。

（1）向上延伸案例。

河北小洋人公司最初的产品为酸奶饮料，主要面向三、四级消费市场。由于牛奶市场需求的快速增长，小洋人公司的产品线不再停留在含乳饮料上，而是积极向酸奶、功能性牛奶等方面扩展。

（2）向下延伸案例。

雀巢公司乳品在中国市场以前一直定位于高端功能性乳品，但是随着国内乳品市场竞争的加剧，死守高端市场的做法已经不利于雀巢公司在中国市场份额的进一步扩大，于是雀巢公司增加了与国内品牌相抗衡的中低端乳品。

（3）双向延伸案例。

蒙牛公司以常温奶，特别是利乐包威震乳业界，但该公司在攻占全国市场方面，逐步改变以往单一常温奶打天下的策略，增加了保鲜奶产品。这样，蒙牛公司可以根据各地竞争对手以及市场需求情况，增强蒙牛公司在液态奶市场的攻击力。另外，蒙牛公司还积极开发其他品类的乳制品，在被洋品牌垄断的部分市场积蓄力量，选准时机发起攻势。

（2）内部产品的发展规划。

通过对产品线主卖产品的竞争定位和市场吸引力分析，可以获得本产品线主卖产品在 SPAN 图中的位置，确定 SPAN 图中四个区域分别包含的产品。同时，利用 SPAN 图确定产品线内的产品、区域、渠道的"721"原则和目标任务。下面，我们将明确每个区域中的产品应该采取什么样的战略行动和具体措施，如表 8-14 所示。

表 8-14　产品的战略行动和具体措施

产品 SPAN 位置	呈现形式	战略行动	具体措施
第一区域		增加投资，保持市场份额的增长	（1）平衡回报与增长之间的关系 （2）防止对手的进入 （3）保持高速增长
第二区域		获取技能，提高自己的竞争地位	（1）削减投资，投资到利润更多的细分市场 （2）增加资源，在短时间内提高竞争地位
第三区域		不再增加投资，只是收获或者重新细分市场，开发新的需求	（1）提高回报 （2）整合机会，把优质资源或优秀人才整合到第二区域或第一区域
第四区域		避免进入或退出该产品线	（1）退出没有利润的细分市场 （2）管理好现金和回报，不再增加投资

第一区域的产品：表示产品的市场吸引力很高，竞争地位也很高，这样的产品几乎总是有利润的，是产品线的聚焦产品。应该采取的战略行动为增加投资，保持市场份额的增长。采取的措施一是平衡回报与增长之间的关系；二是防止对手的进入；三是保持高速增长，以获得更高的市场份额。

第二区域的产品：表示产品的市场吸引力很高，但是竞争地位低，这样的产品通常是没有利润的，是产品线的突破产品。应该采取的战略行动为获取技能，提高自己的竞争地位。采取的措施一种可能是削减投资，投资到利润更多的细分市场；另一种可能是增加资源，在短时间内提高竞争地位。

第三区域的产品：表示产品在该产品线内的竞争地位很高，可是本产品的市场吸引力很低，产品在这里的发展潜力也就很小了。这样的产品通常有比较大的利润，是产品线的突破产品。采取的措施一是提高回报；二是整合机会，把优质资源或优秀人才整合到第二区域或第一区域。

第四区域的产品：表示产品的市场吸引力和竞争地位都很低，这样的产品线/产品几乎无利润，有可能是产品线的布局产品。如果产品长期处于这个位置，应该采取的战略行动为避免进入或者退出该产品线。采取的主要措施一是退出没有利润的细分市场；二是管理好现金和回报，不再增加投资。

8.4.2　产品线区域规划

每条产品线该如何完成目标呢？我们将从产品线内部产品、销售区域与销售渠道 3 个方面对单条产品线进行目标细分，即将产品线的业务目标分解到未来三年每一年的每个目标细分市场，它是业务规划中最重要的内容之一。

1. 产品线区域的"721"原则

产品线区域的"721"原则是产品线发展规划的核心内容之一，有利于集中精力和分配有限的资源重点突破市场潜力大和产品竞争地位高的区域。这是集中优势资源发展那些容易提高销售量的区域的战略思想。

对这 3 类区域使用"721"原则，建议的资源配置行为是 70% 的资源投入聚焦区域，20% 的资源投入突破区域，10% 的资源投入布局区域。

2. 产品线目标的区域细化

产品线中每个销售区域所要承担的销售目标任务，通过区域"721"原则明确本产品线的产品销售区域的划分情况，据此为每个区域制定今后 3 年内的销售额预测和计划，从而制定更有效的价格、广告、促销等策略，以实现销售目标。详细的目标区域细化如表 8-15 所示。

表 8-15　产品线目标的区域细化

年份	区域 1			区域 2			区域 3			……	合计	
	销售额	增长率	贡献率	销售额	增长率	贡献率	销售额	增长率	贡献率		总销售额	平均增长率
T+1												
T+2												
T+3												

8.4.3　产品线渠道规划

1. 产品线渠道的"721"原则

产品线渠道的"721"原则也是产品线发展规划的核心内容之一，有利于集中精力和分配有限的资源重点突破市场潜力大和产品竞争地位高的渠道。

对这三类销售渠道使用"721"原则，建议的资源配置行为是 70% 的资源投入聚焦渠道，20% 的资源投入突破渠道，10% 的资源投入布局渠道。

案例分享

以 ×× 家电公司家用空调变频产品线的销售渠道为例，应用销售渠道的"721"原则。该产品线的主要销售渠道终端为专卖店、大型家电连锁、集团采购、百货商场和网上直销 5 种，利用 SPAN 图从市场吸引力和竞争地位两个维度分析这 5 种渠道，结果如图 8-5 所示。

如图 8-5 所示，结合产品线销售渠道的"721"原则，该产品线销售渠道的"721"原则划分如图 8-6 所示。

聚焦渠道：大型家电连锁和专卖店。这两个渠道在产品质量、产品种类和售后服务等方面具有较强的专业性，并且具有较高的客户认可度。本公司产品在这两个渠道中具有较强的市场吸引力和竞争地位，获得较大的销售额比例，因此应作为"7"类的渠道进行聚焦。

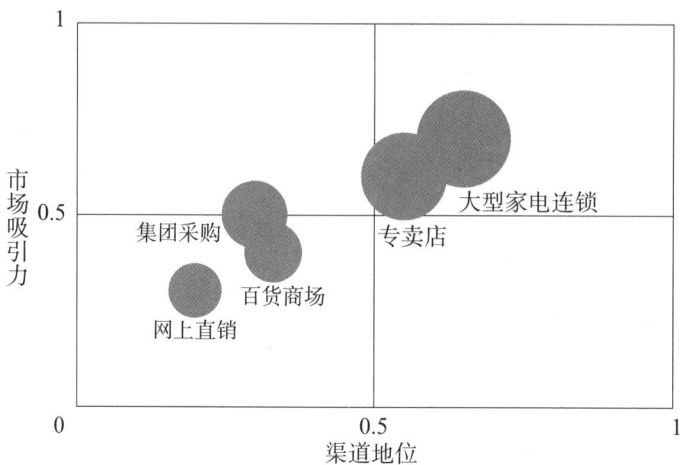

图 8-5 产品线渠道战略定位

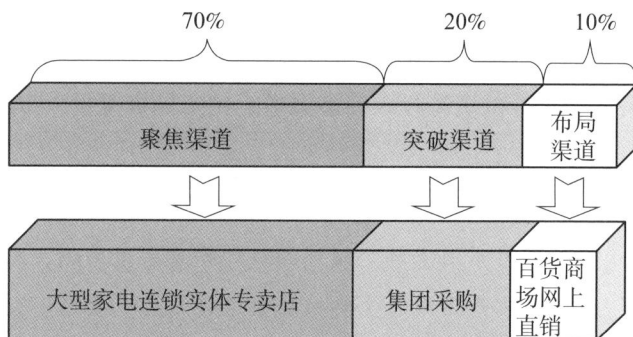

图 8-6 产品线渠道的"721"原则

突破渠道：集团采购。该渠道的市场潜力较大，现有市场规模仅次于"7"类的渠道，但该产品线产品在此渠道的开发力度还不够，市场竞争地位较弱，营销能力不高，竞争地位较低，因此可作为"2"类渠道进行重点突破。

布局渠道：百货商场和网上直销。百货商场的销售专业性不强，是公司为了扩展市场份额布局的渠道；电子商务未来市场潜力较大，但目前受制于售后安装、维护等服务。所以这两个渠道目前的战略定位相对较弱，销售额较低，属于"1"类布局渠道。

2. 产品线目标的渠道细化

产品线中产品的主要销售渠道需要承担的销售目标任务，通过渠道"721"原则明确本产品线的产品销售渠道的划分情况，为每个渠道制定今后3 年内的销售额预测和计划，协助产品线制定渠道的营销策略、广告、促销的方式以及资源的预算和分配。详细的目标渠道细化如表 8-16 所示。

表 8-16　产品线目标的渠道细化

年份	渠道 1			渠道 2			渠道 3			……	合计	
	销售额	增长率	贡献率	销售额	增长率	贡献率	销售额	增长率	贡献率		总销售额	平均增长率
T+1												
T+2												
T+3												

第9章
主要产品发展规划

9.1 产品发展规划概述

本章规划对象是公司或产品线的主销产品，以公司级产品战略规划和产品线战略规划为指导，将战略规划落实到每一个具体的产品上，是产品战略规划的核心内容。本章运用科学、规范的方法分析主要产品的市场环境、竞争对手和自身状况，在此基础上，对主要产品进行产品定位、路径规划、区域规划和渠道规划等，从而明确每个产品的发展方向和路径，为实现公司的发展目标夯实基础。

9.1.1 产品发展规划的内容

规划人员需要对公司的每一个产品进行具体分析，并结合公司产品的整体规划对各产品进行详细规划，主要内容包括以下几个方面：

（1）分析公司产品的市场，包括产品的市场状况、产品生命周期、目标客户群、市场吸引力及销售区域 / 渠道等；

（2）分析、比较产品和竞争对手的能力，并进行产品竞争定位和竞争力计算；

（3）对产品属性和产品战略角色进行定位，规划产品的发展模式和路径；

（4）规划产品销售区域与渠道的"721"原则，并进行产品目标区域 / 渠道细化。

9.1.2 产品发展规划的流程

主要产品发展规划的流程是产品战略规划的核心流程之一，规划人员可以参考以下步骤对主要产品进行战略规划。

第一步：产品市场分析。通过全面调研，明确产品的消费市场，了解产品市场的发展状况、明确产品在该市场的生命周期，计算产品各消费市场的吸引力大小，分析产品目标客户群的需求和消费行为，掌握产品销售区域和渠道的状况。

第二步：产品竞争分析。明确产品的竞争对手，利用客户需求 $APPEALS 模型计算产品和其竞争对手的竞争力，并对产品的区域和渠道进行竞争定位。

第三步：产品定位，包括产品的属性定位和战略角色定位两方面。明确产品在发展规划中承担何种角色，如形象型、主销型、辅销型、掩护型、阻击型。

第四步：产品线区域 / 渠道规划。对产品的各销售区域 / 渠道进行"721"原则，并将产品线目标细分到每个区域 / 渠道。

第五步：新产品管理。明确新产品的开发流程，规划产品路径并拟定相应的任务书，从产品细分、产品配置、目标客户群、产品属性定位、产品战略角色、价格规划和营销策略 7 个方面设计产品的商业模式，对公司进行整合，使客户价值最大化，创造持续利益。

主要产品的规划流程主要由该产品的产品经理负责，具体内容可由各区域的经理、推广经理、商务经理、销售员等协助、提供信息等。产品规划是一个长期的、系统思考的过程，而不是仅靠年底突击就能完成的工作。

9.1.3　产品发展规划的作用

主要产品的发展规划是公司产品战略的落脚点，应在广泛调查研究的基础上，全面分析、正确判断、科学预测产品的特征，明确现实的和潜在的竞争对象，判明所面临威胁的性质、方向和程度等。其作用主要表现在以下几个方面。

（1）落实公司级与产品线战略规划。

将产品战略规划落实到每个产品的规划，包括产品定位、明确发展模式与路径，规划销售区域和渠道等，使具有宏观性、指导性的公司级规划落地生根。

（2）确定产品特色，区别于竞争者。

通过分析产品市场情况、竞争对手和自身的优劣势，确定产品的机会与威胁，从产品的属性和战略地位进行定位，建立自己的特色，从而区别于竞争者。

（3）促进产品稳定地更新换代，保持可持续发展。

通过产品今后的发展路径与模式，明确产品的发展方向与路径，可按照产品任务书开发下一代产品。

9.2 产品市场分析

产品的市场分析就是通过调研，获取本产品目前的市场发展状况，分析市场发展趋势与市场吸引力；确定本产品的目标客户群，分析消费者的需求和消费行为；明确产品的销售区域和渠道，并进行定级规划。

9.2.1 产品发展状况

1. 产品市场发展状况

产品市场发展状况是指公司产品从上市到当前，在市场上的总体发展情况，具体表现在近年的市场占有率、市场覆盖率、品牌价值及在市场上的生命周期等方面的现状与变化。明确产品的发展状况，不仅有助于我们分析产品的发展趋势和市场吸引力，还能帮助我们抓住市场机会和预防市场风险，提高产品销售效率。

对于技术型企业，需要重点掌握产品的技术发展状况，包括该产品目前技术发展的内容、水平、速度、方式、利益等方面。企业应根据自身的技术力量、资源和实际需要，以及企业所处行业技术发展的特点，选择合适的技术发展方针。

2. 产品生命周期

产品生命周期是产品的市场寿命，是指一种新产品从开始进入市场到被市场淘汰的整个过程。典型的产品生命周期一般可以分成4个阶段，即引入期、成长期、成熟期和衰退期。产品在不同生命周期阶段销售额和利润的体现如图 9-1 所示。

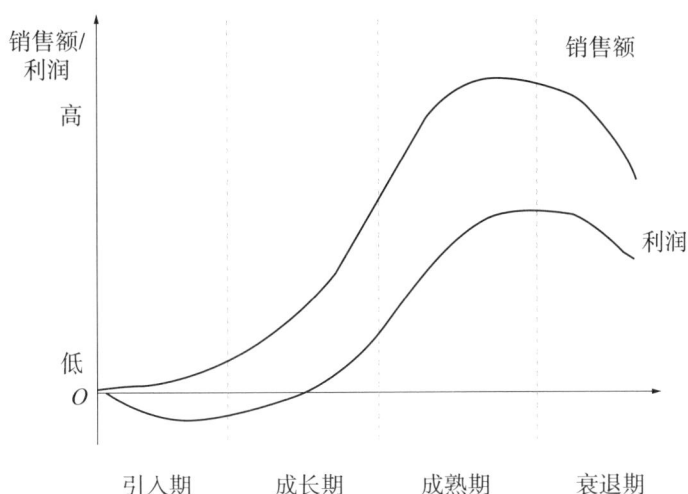

图 9-1　产品的生命周期

第一阶段：引入期。

引入期是指产品从设计投产直到投入市场进入测试阶段。新产品一投入市场，便进入了引入期。此时产品品种少，消费者对产品还不了解，除少数追求新奇的消费者外，几乎无人实际购买该产品。生产者为了扩大销路，不得不投入大量的促销费用，对产品进行宣传推广。该阶段由于生产技术方面的限制，产品生产批量小，制造成本高，广告费用大，产品销售价格偏高，销售量极为有限，企业通常不能获利，反而经常亏损。

第二阶段：成长期。

当产品经过引入期，销售取得成功之后，便进入了成长期。成长期是指产品通过试销效果良好，购买者逐渐接受该产品，产品在市场上站住脚并且打开了销路。这是需求增长阶段，需求量和销售额迅速上升，生产成本大幅度下降，利润迅速增长。与此同时，竞争者看到有利可图，将纷纷进入市场参与竞争，使同类产品供给量增加，价格随之下降，企业利润增长速度逐步减慢，最后达到生命周期利润的最高点。

第三阶段：成熟期。

成熟期是指产品大批量生产并稳定地进入市场销售，经过成长期之后，随着购买产品的人数增多，市场需求趋于饱和。此时，产品普及并日趋标准化，成本低而产量大，销售增长速度缓慢直至转而下降。由于竞争的加剧，同类产品生产企业必须加大在产品质量、款色、规格、包装服务等方面的投入，在一定程度上增加了成本。

第四阶段：衰退期。

衰退期是指产品进入了淘汰阶段。随着科技的发展以及消费习惯的改变等原因，产品的销售量和利润持续下降，产品在市场上已经老化，不能适应市场需求，市场上已经有其他性能更好或价格更低的新产品，以满足消费者的需求。此时，成本较高的企业就会由于无利可图而陆续停止生产，该类产品的生命周期也就陆续结束，最后完全撤出市场。

产品的销售额、利润、现金流量等指标在生命周期4个阶段的具体特征如表9-1所示。

表9-1　产品生命周期各阶段特征

阶段	销售额	利润	现金流量	竞争
引入期	低	低	无	无
成长期	增加	增加	增加	加剧
成熟期	高	高	高	加剧
衰退期	减少	减少	减少	加剧

由于企业资金、技术水平、管理能力的不同以及地域性的差异，产品生命周期在不同企业、不同销售区域的发生时间和过程是不一样的。产品存在一个较大的差距和时差。这一时差反映了不同企业的优劣势，以及同一产品在不同区域竞争地位的差异，从而影响企业制定各自的产品策略。管理者可认真研究和运用产品的生命周期理论，根据产品不同发展阶段及其特点，采取匹配的规划策略，使产品产生最大的销售业绩，赚取足够的利润来补偿在推出该产品时所做出的努力和经受的风险。

9.2.2　产品市场吸引力

产品市场吸引力是指产品/服务引导人们购买和使用的力量。对产品的若干细分市场可以从产品市场容量、产品市场增长率和竞争程度 3 个要素进行分析。它一方面帮助企业找出众多产品中市场吸引力较大的产品，可为公司带来较大营销机会与经济效益；另一方面为分析产品线的产品结构合理性、各产品的战略角色定位提供依据。

产品的市场吸引力分析可以采取定量的计算方式，搜集市场数据，建立数据模型，用数学模型计算潜力值。设某产品线的产品 i 的市场吸引力、市场容量、市场增长率和竞争程度分别为 MP_i、MS_i、MGR_i 和 CD_i，则

$$MP_i = \frac{MS_i}{\max MS} \times a_1 + \frac{MGR_i}{\max MGR} \times a_2 + \frac{CD_i}{\max CD} \times a_3 \qquad （9-1）$$

$$\sum_{i=1}^{3} a_i = a_1 + a_2 + a_3 = 100\%；i=1，2，3$$

公式中的 $\max MS$、$\max MGR$ 和 $\max CD$ 为该产品线中相应指标的最大值，a_i 为各指标的权重大小，权重大小根据不同产品线、不同行业特点适度调整。其中，产品 i 的竞争程度 CD_i 分为高、中、低三个级别，分别配以 1 分、3 分和 5 分。

通过计算可以得到各主销产品的市场吸引力值，依据潜力值大小设计产品市场吸引力评估标准。例如，当 $P \geq M$ 时，市场吸引力大；当 $N < P < M$ 时，市场吸引力中；当 $P \leq N$ 时，则市场吸引力小，且 $0 < N < M$。最后，可以将结果表现在二维图中。

案例分享

　　以 ×× 公司洗发护发产品线为例。该产品线包含去屑型、滋养型、柔顺型和锁色修护型 4 种产品。2017 年洗发行业的竞争激烈程度较大，该公司在市场上由于具有较强的竞争地位，并且市场容量和市场增长率对公司的产品销售政策影响较大，因此可以选择市场容量的权重为 40%，市场增长率的权重为 40%，竞争程度的权重为 20% 来计算。

　　搜集并统计这 4 种产品市场容量、市场增长率和竞争程度的表现，如表 9-2 所示。发现柔顺型洗发水的市场容量和市场增长率都是最大的，则将 178.8 百万元定为市场容量的标准，10.3% 为市场增长率的标准。

表 9-2 ××公司2017年洗发护发产品线产品的市场吸引力分析表

	去屑型	滋养型	柔顺型	锁色修护型
市场容量/百万元	138.6	120.6	178.8	100.6
市场增长率	6.9%	7.5%	10.3%	8.4%
竞争程度	中	中	高	低

根据市场吸引力的计算公式和如表9-2所示的各产品的市场容量、市场增长率和竞争程度的值，得出4种产品的市场吸引力。

去屑型洗发水的市场吸引力值：

$138.6/178.8×0.4+0.069/0.103×0.4+3/5×0.2=0.697$

滋养型洗发水的市场吸引力：

$120.6/178.8×0.4+0.075/0.103×0.4+3/5×0.2=0.679$

柔顺型洗发水的市场吸引力：

$178.8/178.8×0.4+0.103/0.103×0.4+1/5×0.2=0.84$

锁色修护型的市场吸引力：

$100.6/178.8×0.4+0.084/0.103×0.4+5/5×0.2=0.425$

该产品线各产品市场吸引力评估标准：当 $P \geq 0.8$ 时，市场吸引力大；当 $0.5 < P < 0.8$ 时，市场吸引力中；当 $P \leq 0.5$ 时，市场吸引力小。最后，将各产品的市场吸引力值按评估标准显示，如图9-2所示，可观察到柔顺型洗发水具有较大的市场吸引力，去屑型和滋养型次之，锁色修护型则相对较小。

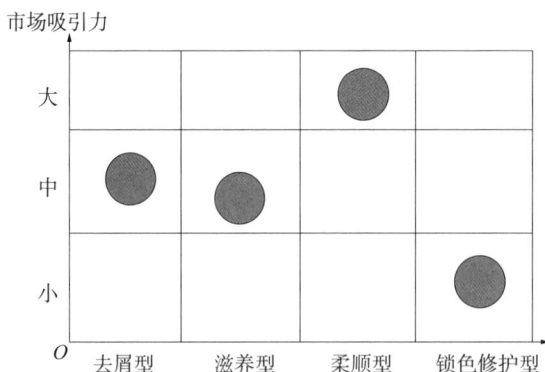

图 9-2 主销产品的市场吸引力定位图

9.2.3　目标客户群分析

产品的目标客户群（产品的目标市场）是指从产品的若干细分市场中，选取产品市场吸引力大、企业期望值高、有能力占领开拓市场，以及能为该产品带来最佳营销机会和为公司创造最大经济效益的消费者群体。目标客户群的选择需要考虑企业、产品和消费群3方面因素。通过产品在市场中的销量和消费者的行为反应，检验公司产品是否符合客户的需求。只有产品符合消费者的需求，才能针对性地实施差别化经营，提高经营效率，降低经营成本。

目标客户群主要对消费者购买行为进行分析。消费者购买行为是指人们为满足需要和欲望而寻找、选择、购买、使用、评价及处置产品的过程活动，包括消费者的主观心理活动和客观物质活动两个方面。分析消费者行为具有重要的意义，具体表现在以下方面。

（1）它着眼于与消费者建立和发展长期的交换关系。消费者的消费体验、处置旧产品的方式和感受均会影响其下一轮购买，即对企业和消费者之间的长期交换关系产生直接影响。

（2）它为规划产品线发展提供支持。根据消费者行为，我们可以判断产品线上各产品的市场吸引力，发现产品线提供需求的不足，填补产品线长度等。

（3）它是制定销售策略的参考依据。了解消费者的购买数量、频率、渠道、动机和用途等，制定产品价格和宣传策略。

针对消费者购买行为的过程，可以从消费群、购买产品、购买量、购买频率、购买时间与地点、购买动机与用途、品牌转换情况与品牌忠诚度等角度去搜集资料并分析，如表9-3所示。本部分内容需要集思广益，特别是市场一线人员的参与，由产品经理、各区域的区域经理、商务经理、推广代表、店员和忠诚的消费者等人员一起讨论与确定。

表 9-3 产品 A 消费群分析

产品 A 消费群	购买的产品	购买量	购买频率	购买渠道	购买动机	购买用途	品牌转换情况	消费群自身特征	备注

9.2.4 销售区域／渠道分析

1. 产品销售区域分析

产品销售区域分析主要包括区域销售数据统计和销售区域定级两部分内容。首先，我们要明确产品的各销售区域，然后如表 9-4 所示统计各销售区域的销售数据，包括销售目标、实际销售、目标完成率、差额分析 4 项。该统计表适用于产品的月度、季度和年度数据统计，可以直观地反映产品的销售区域及其销售状态。

表 9-4 销售区域数据统计分析

销售区域	销售目标			实际销售				目标完成率		差额分析			
	销售量	销售额	单价	销售量	销售额	占总销量比例	平均售价	目标销售额	完成率	降价差额	所占比例	销量下降差额	所占比例
北京													
河北													
山东													
山西													
……													

使用说明：

（1）在现阶段本表可先由销售统计分析员作出分析，然后分别通报各区域；

（2）在运行一个阶段具备条件后各大区文员可对所管辖的区域、对重点客户进行分析。

其中，部分指标的计算方式如下。

占总销量比例 = 销售量 / 总销售量 × 100%

目标完成率 = 大区实际销售额 / 大区目标销售额 × 100%

降价差额 = （预测单价 – 实际平均售价） × 实际销售量

降价差额所占比例 = 降价差额 / 预测销售额 × 100%

销量下降差额 = （预测销售量 – 实际销售量） × 预测单价

销量下降所占比例 = 销量下降差额 / 预测销售额 × 100%

在明确销售区域和销售数据统计完备的基础上，可采用区域定级模型，如图 9-3 所示，对产品的各区域从市场吸引力和市场竞争地位两方面进行统计分析，确定产品各销售区域的级别，并将其作为区域规划的依据。

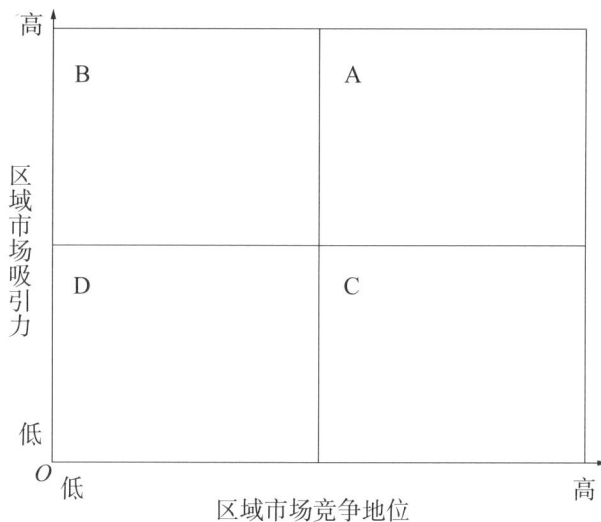

图 9-3　区域定级模型

2. 产品销售渠道分析

主要产品的销售区域分析即明确产品目前的主要销售渠道，然后采用渠道定级模型，如图 9-4 所示，对每个主销产品的渠道市场吸引力和渠道市场地位进行分析，确定各销售渠道的级别。它可以帮助我们进行产品渠道规划。

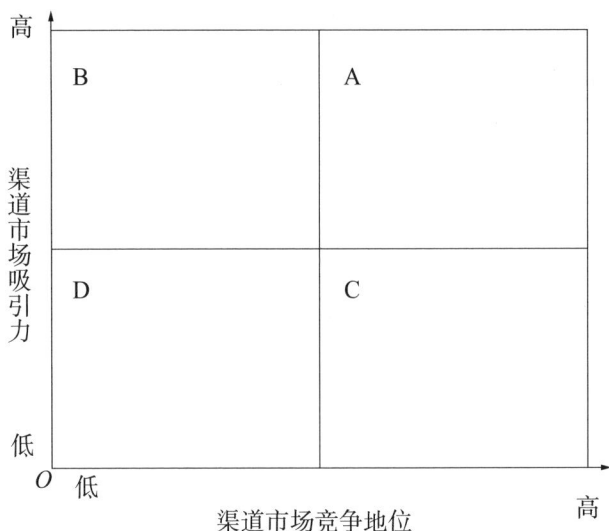

图 9-4　渠道定级模型

9.3　产品竞争分析

　　主要产品的竞争分析是指通过对竞争环境的调查，收集、整理竞争对手的信息，明确公司各主要产品的竞争对手，利用客户需求 $APPEALS 模型分析产品的竞争力，对现有产品的不同区域和渠道进行竞争定位，最后输出该产品的 SWOT 分析，确定该产品的优势与劣势、机会与威胁。该步骤提供了后续规划活动所需要的基础信息。

9.3.1　产品的竞争力

1. 明确产品的竞争对手

结合公司产品线的竞争对手，进一步明确各个产品的竞争对手。首先列出该产品线的各个产品，然后按竞争对手重要性级别由高至低，如表 9-5 所示，从左至右依次排开，为产品的竞争分析作准备。

表 9-5 产品线 A 内部产品的主要竞争对手

产品线 A 内部产品	竞争对手 1	竞争对手 2	……
产品 A1			
产品 A2			
……			

2. 竞争对手的竞争力分析

为了更清楚地了解产品及其竞争对手在市场上竞争力的表现及大小，可以利用客户需求 $APPEALS 模型，基于客户角度从价格、性能、可获得性等方面计算各产品竞争力。客户需求 $APPEALS 模型计算表如表 9-6 所示。

表 9-6 客户需求 $APPEALS 模型计算表

评价指标	权重	产品 A	竞争对手 1	竞争对手 2	……
评分标准	优秀：5，良好：4，一般：3，差：2，不可接受：1				
价格	a_3				
可获得性	a_1				
包装	a_2				
性能	a_5				
易用性	a_4				
保证	a_6				
生命周期成本	a_8				
社会接受程度	a_7				
加权分数	100%				
排序					

应用该模型时，首先确定 $APPEALS 的 8 项指标的权重，即 a_i（i=1，2，3，…，8），并制定本公司的评分标准，参照评分标准对产品及竞争对手的评价指标进行评分，然后结合各评价指标的分数计算各产品的加权分数，最后按照分数大小进行排序，得出各产品竞争力的排名。同时，也可使用雷达图将本产品及竞争对手的各评价指标清楚地表现出来，观察各产品在各评价指标上的优劣势。

案例分享

以 ×× 家电公司家用变频空调的节能 1.5 匹这个产品为例。应用客户需求 $APPEALS 模型，比较该产品与其竞争对手的竞争力大小，并分析各产品在客户需求的 8 个评价指标方面的优劣势。

首先，针对空调行业用权重确定方法对 8 个评价指标赋予不同权重。产品的性能和生命周期成本是用户在选择空调时最看重的两项指标，因此被赋予了 20% 和 25% 的权重；产品满足客户对产品性能的基本需求，良好的销售服务和较高的社会认可度，也影响消费者的购物选择，因此它们均被赋予 15% 的权重；物美价廉一直是消费者的购物心理，因此价格被赋予了 10% 的权重。

其次，根据评分标准对各产品进行评分，并计算加权后的结果。如表 9-7 所示，本公司的节能 1.5 匹竞争力最强，竞争对手 1 和竞争对手 2 次之，竞争对手 3 的竞争力最弱。同时，将各产品的评价指标强弱显示在雷达图中，如图 9-5 所示。

表 9-7　客户需求 $APPEALS 模型计算表

评价指标	权重	节能 1.5 匹	竞争对手 1	竞争对手 2	竞争对手 3
评分标准	优秀：5，良好：4，一般：3，差：2，不可接受：1				
价格	10%	3	4	4	4
可获得性	5%	4	4	4	3
包装	5%	3	4	4	3
性能	20%	5	3	4	3
易用性	5%	4	4	3	4
保证	15%	4	5	3	4
生命周期成本	25%	5	3	4	3
社会接受程度	15%	5	5	4	3
加权分数	100%	4.45	3.85	3.8	3.3
排序		1	2	3	4

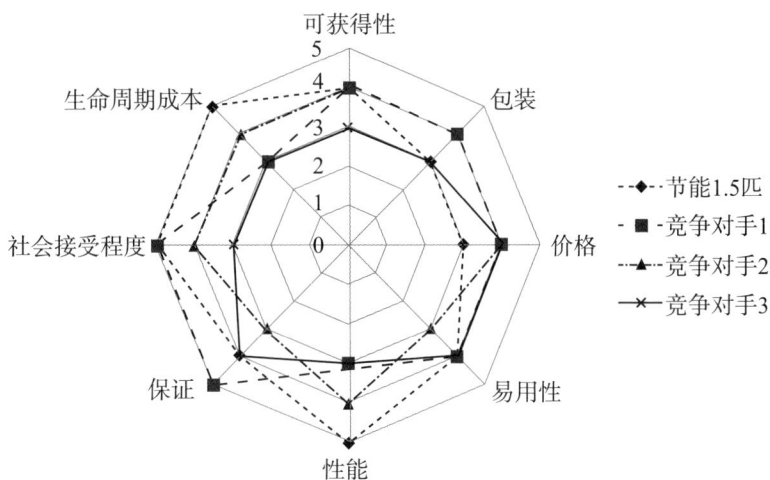

图 9-5　各产品的竞争力雷达图

　　节能 1.5 匹在性能、社会接受程度、生命周期成本方面均表现较好，但该产品的包装和价格较弱；竞争对手 1 以其周到的客户服务受到了广大消费者的认可，但性能相对较差；竞争对手 2 的各评价指标都表现一般，没有特别出众的地方；竞争对手 3 的各竞争力评价指标都表现较差。

9.3.2　产品竞争定位

　　产品竞争定位包括产品与竞争对手的竞争定位、产品在不同区域、不同渠道的竞争定位 3 方面。通过对产品进行竞争定位，可以了解公司产品的竞争力大小。利用市场份额、品牌等评价因素对该产品及其竞争对手在不同区域、不同渠道进行定性或定量的竞争地位分析，评价标准可以根据不同的行业自行拟定，评价结果如图 9-6 所示。

　　竞争力分为大、中、小 3 个档次，横轴可以代表不同的产品、区域或渠道，五角星代表各项目竞争地位的高低程度。图中清晰明确地体现了不同产品以及相同产品在不同区域、不同渠道的竞争力。

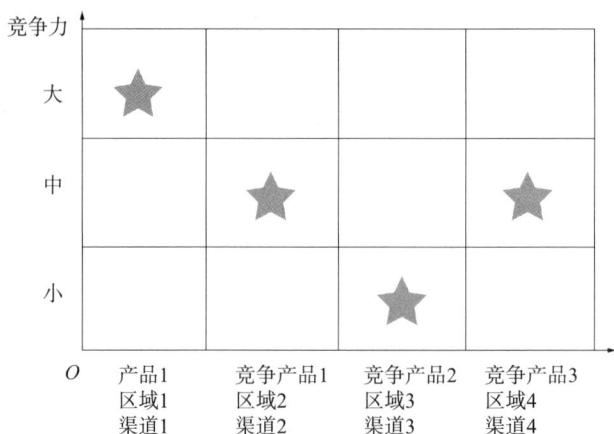

图 9-6 产品在不同区域 / 渠道的竞争定位

案例分享

以 ×× 手机公司的产品 A 为例，对其进行竞争力分析，其中包括产品和其竞争产品的竞争力、该产品在不同区域的竞争力以及该产品不同销售渠道的竞争力。

手机市场产品竞争力受市场份额、增长率、竞争激烈程度和品牌认可度这 4 个指标的影响。比较特殊的是在对产品和其竞争产品的竞争力进行比较时，因为产品 A 与其竞争产品处于同一市场，竞争激烈程度是一样的，因而在评价产品 A 和其竞争产品的时候，可以只用市场份额、增长率和品牌认可度这 3 个维度来评价。

首先，通过数据收集和统计，列出了如表 9-8 所示的评分标准。根据该评分标准，分别对产品 A 和其竞争产品的竞争力、该产品在不同区域的竞争力以及该产品不同销售渠道的竞争力情况进行评分。评分情况如表 9-9、表 9-10 和表 9-11 所示。

通过评分，将该产品在市场上的表现情况进行量化处理，并划分了竞争力大小的分数范围：当分数＜2 时，竞争力小；当 2 ≤分数＜3.5 时，竞争力中；当 3.5 ≤分数＜5 时，竞争力大。3 个表格的得分结果如图 9-7、图 9-8、图 9-9 所示，可以看出产品 A 在竞争对手中、各销售区域和渠道中的竞争力大小。

表 9-8　产品 A 市场竞争力的评分标准

维度	1分	2分	3分	4分	5分
市场份额 X / 亿元	$X < 10$	$10 < X < 20$	$20 < X < 30$	$30 < X < 40$	$X > 40$
增长率 Y /%	$Y < 5$	$5 < Y < 10$	$10 < Y < 15$	$15 < Y < 20$	$Y > 20$
竞争激烈程度	非常激烈	激烈	一般	不激烈	非常不激烈
品牌认可度 N /%	$N < 20$	$20 < N < 30$	$30 < N < 40$	$40 < N < 50$	$N > 50$

表 9-9　产品 A 与其竞争产品的竞争力得分

维度	产品A	竞争产品1	竞争产品2	竞争产品3
市场份额（50%）	3	4	3	3
增长率（20%）	3	2	4	2
品牌认可度（30%）	3	4	4	2
综合得分	3	3.6	3.5	2.5

表 9-10　产品 A 不同区域的竞争力得分

维度	北京	广州	上海	成都
市场份额（40%）	5	4	4	5
增长率（15%）	2	3	4	2
品牌认可度（25%）	5	4	3	5
竞争激烈程度（20%）	2	2	3	4
综合得分	4.45	3.45	3.55	4.85

表 9-11　产品 A 不同销售渠道的竞争力得分

维度	自建销售网络	家电连锁商场	手机连锁销售店	电子商城	大型超市
市场份额（40%）	4	2	4	3	1
增长率（15%）	3	2	3	4	2
品牌认可度（25%）	5	3	4	3	3
竞争激烈程度（20%）	5	2	3	2	3
综合得分	4.8	2.25	3.95	2.95	2.05

产品 A 和其 3 个竞争产品的竞争力评价：产品 A 的竞争力表现一般，其竞争对手 2 由于具有较高的品牌认可度，因此在同类产品中获得了较高的市场份额，但是由于其他产品的快速发展，抑制了其增长的速度。具体如图 9-7 所示。

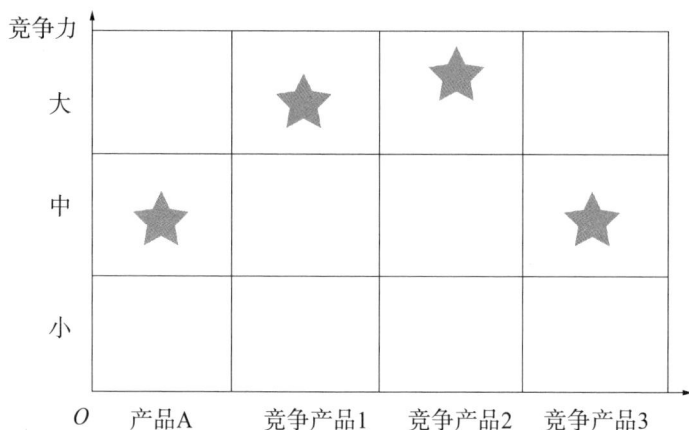

图 9-7　产品 A 和其 3 个竞争对手的竞争定位

产品 A 的主要销售区域为北京、广州、上海和成都。这 4 个区域中，成都的竞争力最大，这主要是由于该产品较早进入成都，并且销售团队的营销能力较大，因此获得了较高的品牌认可度和市场份额；北京次之；上海竞争力最小。具体如图 9-8 所示。

产品 A 的主要销售渠道有自建销售网络、家电连锁商场、手机连锁销售店、电子商城和大型超市 4 个渠道。其中，自建营销网络的竞争力最大，这主要是因为公司配有经过统一培训的专业营销人员和售后维修人员；手机连锁销售店的竞争力次之；大型超市的竞争力最小。具体如图 9-9 所示。

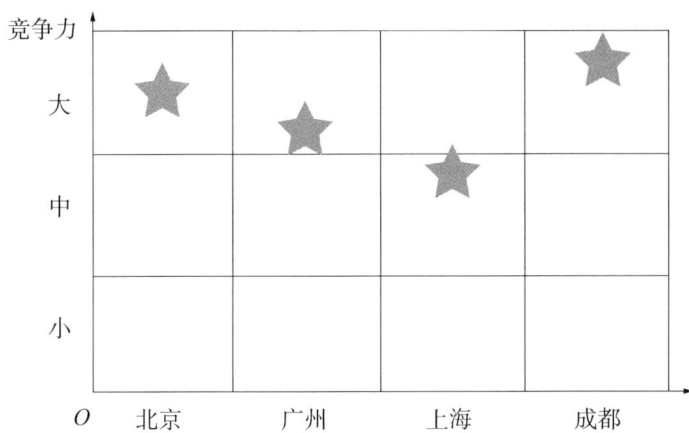

图 9-8　产品 A 主要销售区域的竞争定位

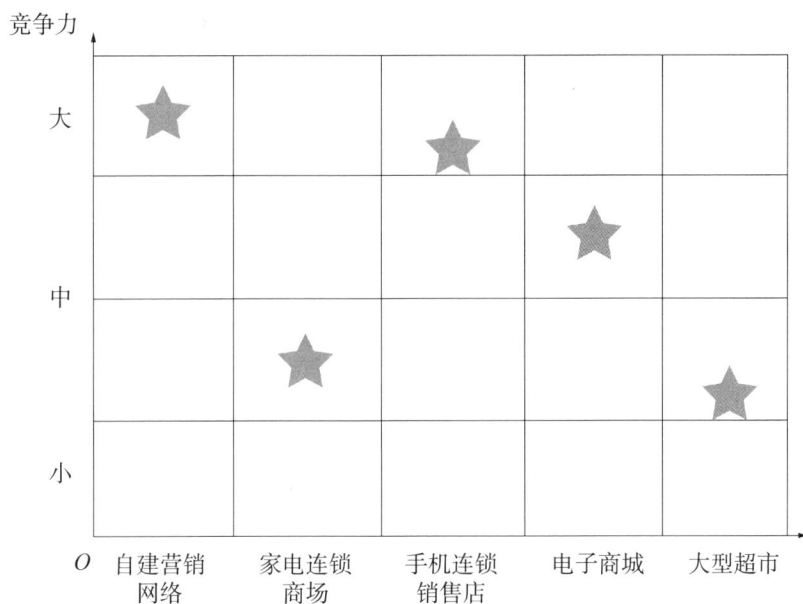

图 9-9　产品 A 主要销售渠道的竞争定位

9.4 产品发展规划

为了完成公司、产品线的战略规划，我们需要将规划落实到每一个核心产品。

因此，本节我们将运用一套系统的方法、工具对单个产品进行战略规划，主要包括 3 部分内容：

（1）产品定位；

（2）产品区域规划；

（3）产品渠道规划。

单个产品的战略规划是与公司、产品线战略规划相辅相成的。

公司和产品线的战略规划影响单个产品的规划，单个产品的规划要以公司和产品线的战略规划为依据，单个产品的战略规划为公司目标的实现提供了可能性。

9.4.1 产品定位

产品定位是产品规划中的重要内容之一，是在对市场环境、竞争对手、自身特点详细分析的基础上，参照公司及各产品线的发展战略与规划，规划每一个产品的属性和战略角色，从而在消费者心中建立独特的价值认知，最终完成企业的愿景和目标。

下面从两个角度进行规划：一是产品属性定位，即企业用什么样的产品来满足目标消费者的需求；二是产品的战略角色定位，即产品在公司的销售过程中承担什么样的任务或角色。产品定位确定了本企业的产品特色和产品角色结构，并区别于竞争者，因此针对产品属性和产品角色，可以有机地进行市场营销组合和企业资源优化配置。

1.产品属性定位

产品属性定位是针对消费者对该类产品某种属性的重视程度，塑造产品的鲜明个性或特色，树立产品在市场上的形象。产品定位区别于市场定位。市场定位是指企业对目标消费者或目标消费者市场的选择，而产品定位是指企业用什么样的产品来满足目标消费者或目标消费市场的需求。从理论上讲，应先进行市场定位，然后再进行产品定位。产品属性定位可以从产品的功效、质量、品牌、服务等方面进行考虑，详细属性如表9-12所示。

表9-12　产品属性详细信息

产品属性	说明
功效	使用该产品会产生的功能和效果；一个产品可能具有多方面的功效，即使是主要功效，也可能不止一个，规划人员需要仔细考虑应突出产品的哪一方面的功效，才能在市场上占据最为有利的位置
质量	产品是反映实体满足明确和隐含需要的能力和特性的总和，通常体现在使用性能、安全、可用性、可靠性、耐用性等方面
品牌	消费者对产品及产品系列的认知程度；它是可以给拥有者带来溢价、产生增值的一种无形资产，其载体是和其他竞争者的产品或劳务相区分的名称、术语、象征、记号或者设计及其组合，增值的源泉来自消费者心智中形成的关于其载体的印象
服务	以实物产品为基础的行业，为支持实物产品的销售而向消费者提供的附加服务，目的是保证消费者所购产品效用的充分发挥。包括售前服务、售中服务和售后服务
价格	在现代社会的日常应用中，价格一般指进行交易时，买方所需要付出的代价，它是商品同货币交换比例的指数，或者说价格是价值的货币表现

产品属性定位的过程，即突出产品自身优势，达到占据消费者心理空间的过程，通常必须使得产品（或服务）方、竞争方、消费者三方获得协调统一。我们在定位时应该利用市场环境分析、消费群体分析、产品自身分析的结果，选择本产品的竞争优势来确定产品的属性定位。在定位决策时通常要遵循如下原则。

（1）利润最大化原则。

在实际的定位实践过程中，有一些企业为了突出产品的"品质优良"定位而提高成本、降低利润，最终使企业在营销中陷入困境。这种做法是不足取的。对产品进行定位，就是要使企业能够在营销运作中获取更大的利润。因此，在选择产品的优势作为定位决策时，首先应考虑这种优势是否能给企业带来最大的利润，这就要求定位所选择的竞争优势必须符合企业整体营销体系的要求，同营销系统统一协调。

（2）消费者认同原则。

所谓消费者认同，就是要找出产品优势中能满足消费者实际需求以及心理需求的要点，并使其在消费者心中占据地位。定位过程是在消费者心理上得以完成的。因此，一个产品在进行定位时，如果只注重产品自身特质，而忽略这种特质对于消费者的意义，那么定位就起不到任何效果，甚至适得其反。

（3）可行性原则。

在定位决策过程中，有些定位概念看起来很合理，但在具体实施中，往往不便于操作，给广告及促销活动等带来很大困难。因而，对定位决策者来说，在进行具体定位时还要将定位实施的可行性加以充分考虑。包括产品定位推出所需的费用、方便性、可操作性等。虽然我们在确定定位时不需花费太大的费用，但任何定位只有通过广告、促销活动推向市场并获得消费者的认可才能奏效。例如，大规模的广告促销活动是以企业的财力资源为基础的，如果企业没有承受能力，定位决策再好，也无济于事。

（4）符合企业形象原则。

企业形象是指一个企业长期以来在消费者心目中形成的固定的定位特征和总体印象。企业形象的诸多要素，如作为一个企业应以什么样的特色、优势及形象出现在消费者面前等，都是通过定位决策阶段获得解决的。与产品定位相比，企业定位的实现需要更长的周期及更稳定的概念。所以，从这一角度来说，产品定位必须同企业的形象保持一致，并且充分考虑定位的持续性和延伸性。在产品成长过程中需要多次定位时，应充分考虑前一次定位与后一次定位的连续性、关联性，以及多次定位概念在消费者心目中生成的该产品印象与总体企业形象塑造的统一性。

案例分享

豪华车市场只是汽车市场里的一个细分市场，但却拥有大量的著名品牌。下面以奔驰、宝马、奥迪、沃尔沃公司为代表，分析它们如何在竞争激烈的市场上对各自的产品属性进行定位。

奔驰公司的产品属性定位集中于品牌和服务两个方面。在诞生之初，奔驰就确立了"王者座驾"的品牌定位并一直延续至今，使得每一辆奔驰轿车都成为豪华、高贵、成功的化身。奔驰公司优质的服务体现在强大的售后服务网络、定期的维护保养和充足的零配件供应3个方面。正是基于品牌和服务的正确定位，奔驰成为经久不衰、极受欢迎的汽车产品。

宝马公司的产品属性定位集中于品牌和功效两个方面。宝马公司起家于飞机发动机，为凸显它的天生优势，在功效方面将顶级的动力作为产品的主打优势。同时，为了与奔驰区分开来，宝马公司选择了运动型的品牌定位，强调时尚、有活力的驾驶乐趣。

奥迪公司的产品属性定位集中于功效方面。先进的技术是奥迪确立高档车地位的关键因素。奥迪品牌在汽车技术领域一直占据着主导地位，比如在TDI（涡轮增压直接喷射）、FSI（燃油分层喷射）和TFSI（带涡轮增压的分层燃烧喷射）等发动机概念上，在动力传动方面，在高效节能技术方面。许多技术如已广泛应用于奥迪车型的TDI和ASF（轻量化车身技术）奥迪空间框架结构，已经成为奥迪彰显科技领先形象的标志性符号。

沃尔沃公司的产品属性定位集中于质量方面，其产品的核心优势是安全。1959年沃尔沃成为第一个给汽车安装安全带的品牌，1972年首创汽车安全气囊，2001年推出新一代的安全概念车。在传播方面，沃尔沃公司总是不失时机地强调"安全"这一核心价值。

2. 产品的战略角色定位

军队中有不同的兵种担负不同的作战任务，而产品阵容中也需要有不同的产品行使不同的市场职能，相互配合，系统作战，以便充分迎合（或引导）消费者的购买心理和行为，并打击竞争对手。通过产品角色定位实现最有竞争力的价格体系优势和产品功能优势，为企业的发展保驾护航，达成目标。产品的战略角色通常有 4 类，即形象型、主销型、辅销型、阻击型，如表 9–13 所示。

产品的属性定位和产品的战略角色定位相辅相成，产品的属性决定产品的战略角色，产品的战略角色也影响产品属性的发展变化。企业需要平衡这两个定位之间的关系，但是产品的属性定位不能经常变化，产品在公司或者产品线内的战略角色定位却会根据不同区域、不同渠道、不同时期的不同情况适时变化。

表 9–13　产品战略角色

战略角色	说明
形象型	一般属于公司的战略产品，承载公司的形象 / 品牌，高质、高价、高利润，销量约占总体 10%，利润占 20%。其职能是提升整个产品系列形象档次，引起消费者对整个系列产品的关注和好感。由于购买高价位产品的消费者对价格并不敏感，因此可以适当提高售价，获取高于平均水平的毛利。一般情况下，形象型产品的售价可以与竞争对手相应的产品价格持平或略高
主销型	是公司正常运营的主体，一般是公司的聚焦产品，中质、中价、中利润，销量占总体 50%，利润占 50%。主销型产品一般处于市场主销价格区间内，拥有市场主流的性能配置，拥有与形象型相近的外观或相似的卖点，但性价比更高
辅销型	一般是公司的辅助产品，是公司未来发展的主力军，中质、中价、中高利润，销量占总体 20% 左右，利润占 25%，处于市场主销价格区间内，比主销型的外形更为独特，或多一些附加功能，而成本没有明显增长，毛利水平高于平均水平
阻击型	中质、中低价，限制销量，销量占总体 10%，利润占 0 ～ 5%，与竞争对手主销型的主要卖点（特点）或外观风格相同或相似，在价格上极力打压对手，形成同质低价之势，但在终端销售推广上极力贬低该产品，不建议消费者购买，动摇消费者对该类型产品的购买信心

案例分享

在蒙牛纯牛奶产品系列中，包括特仑苏、利乐枕、利乐砖、百利包 4 种品类，不同的品类承担着不同的战略角色。

形象型——特仑苏：高质高价，利润很高，但因瞄准的仅是高端人群及送礼人群市场，所以市场份额有限。

主销型——利乐枕：纸袋装，价格适中，比百利包的包装讲究，且保质期长达 45 天，深受中国家庭的欢迎，荣获"利乐枕无菌包装使用量全球第一"的称号。

辅销型——利乐砖：在利乐枕的基础上改变了形状，变为砖头形，因为包装的厚度和硬度的增加而延长了牛奶的保质期，受到很多消费者的欢迎，价格较利乐枕高。

阻击型——百利包：常见的塑料袋装牛奶，主要是为了与竞争对手形成同包装的抗衡之势，但因包装质量差而存在一些缺点，价格较低。

9.4.2　产品区域规划

通过对销售区域定级模型的分析，可以判断产品的各个销售区域的级别。利用上述分析结果，并结合各区域的发展规划，可规划产品的销售区域，主要包括产品区域的"721"原则和产品目标的区域细化两部分内容。

1. 产品区域的"721"原则

（1）聚焦区域：该产品目前的重要销售区域，是该产品现金流、利润、市场份额以及品牌的主要承担者。

（2）突破区域：该产品在这类地区市场潜力大，有一定的客户基础，销售额迅速增长，通过加大资源投入、广告宣传能在未来 1～2 年推广成为"明星类"的产品区域。

（3）布局区域：该产品在这类地区市场吸引力大，竞争不激烈，但目前产品的客户基础薄弱，至少在 1～2 年内较难对该产品产生利润的产品区域，但未来发展空间巨大，对该产品今后发展具有重要影响，是公司为长远发展而进行的尝试性布局的区域。

对这 3 类产品区域使用"721"原则，建议的资源配置行为是 70% 的资源投入聚焦区域，20% 的资源投入突破区域，10% 的资源投入布局区域。

2. 产品区域的目标规划

产品区域的目标规划是根据产品在产品线 / 公司的战略地位 / 定位，通过产品区域"721"原则明确某个产品销售区域的划分情况和公司分配给本产品的资源状况，结合该产品的总目标和各区域的总目标，规划每个销售区域所要承担的销售目标。可为每个区域制定今后 3 年的销售额预测和计划，产品当年各销售区域目标的总和等于该产品的战略目标，从而制定更有效的价格、广告、促销等策略，以实现销售目标。详细的区域目标规划如表 9-14 所示。

表 9-14　产品 A 目标的区域细化

时间	T+1			T+2			T+3		
	销售额	增长率	贡献率	销售额	增长率	贡献率	销售额	增长率	贡献率
区域 A_1									
区域 A_2									
区域 A_3									
合计									

9.4.3　产品渠道规划

通过销售渠道定级模型分析，可以判断产品各个销售渠道的级别，利用上述分析结果，结合公司产品的渠道发展规划，规划产品的销售渠道，主要包括产品渠道的"721"原则和产品渠道目标规划两部分内容。

1. 产品渠道的"721"原则

利用产品渠道分析结果，依据下面的原则确定产品渠道的 3 大类别。

（1）聚焦渠道：该产品目前的重要销售渠道，即该产品现金流、利润、市场份额以及品牌的主要承担者。

（2）突破渠道：该产品在这类渠道市场吸引力大，销售额迅速增长，有一定的客户基础，通过加大资源投入，能在未来 1 ～ 2 年推广成为"明星类"

的产品渠道。

（3）布局渠道：该产品在这类渠道市场吸引力大，竞争不激烈，但目前产品在该渠道处于引入期，客户基础薄弱，一般短期不会对该产品产生利润的产品渠道，但未来发展空间巨大，对该产品今后的发展具有重要影响，是公司为长远发展而进行的尝试性布局渠道。

对这 3 类产品渠道使用"721"原则，建议资源的配置行为是 70% 的资源投入聚焦渠道，20% 的资源投入突破渠道，10% 的资源投入布局渠道。

2. 产品渠道目标规划

产品渠道目标规划是根据产品在产品线 / 公司的战略地位 / 定位，通过产品渠道的"721"原则明确某个产品销售渠道的划分情况和公司分配给本产品的资源状况，结合该产品的总目标和各渠道的总目标，规划每个销售渠道所要承担的销售目标。可为每个渠道制定今后 3 年的销售额预测和计划，产品当年各渠道区域目标的总和等于该产品的战略目标，从而制定更有效的价格、广告、促销等策略，以实现销售目标。详细的渠道目标规划如表 9-15 所示。

表 9-15　产品 A 目标的渠道细化

时间	T+1			T+2			T+3		
	销售额	增长率	贡献率	销售额	增长率	贡献率	销售额	增长率	贡献率
渠道 A_1									
渠道 A_2									
渠道 A_3									
合计									

通过分析产品在每个具体渠道的目标分解情况，结合重点销售渠道的目标规划和各区域的渠道的特点、发展趋势，可进一步对产品重点销售区域的渠道进行规划，规划表格如表 9-16 所示，要求每个区域的销售目标等于该区域各渠道销售目标的总和，对有竞争关系的产品要注意渠道区隔。

表 9-16　产品 A 重点销售区域的渠道规划

区域	渠道	T+1	T+2	T+3
区域 A_1	渠道 A_{11}			
	渠道 A_{12}			
	……			
区域 A_2	渠道 A_{21}			
	渠道 A_{22}			
	……			
区域 A_3	渠道 A_{31}			
	渠道 A_{32}			
	……			

第 10 章
区域产品战略规划

10.1　区域产品战略规划概述

对企业来说，与其在整体市场上与竞争强手短兵相接，不如在区域市场上创造优势；与其在广大市场范围上占有极小的市场份额，不如在某几个区域市场内提高市场占有量。这一点，对大企业如此，对中小企业同样如此。那么企业如何在有限的空间内创造局部优势，赢得较大市场份额，从而有效抵御竞争攻势，保存并壮大自己呢？这就要依靠区域产品战略规划的帮助。它是企业在竞争中取得胜利的一把利器。

各区域的产品战略规划和公司级的产品战略规划流程、步骤和方法基本一致，但是区域营销产品与企业营销产品具有以下几个不同之处。

（1）由于不同区域的气候、地理位置、消费者生活习惯，甚至设施存在较大差异，公司产品在不同区域的引入期、成长期等表现存在较大差异，所以公司的区域产品战略规划内容、营销策略也存在较大差异。

（2）企业在市场上营销的产品可以通过仓储、运输等运到企业外的市场上（包括国内市场和国外市场）进行销售，即使是服务也可通过开办连锁或分支机构来实现异地提供，而其他区域的消费者也可以在当地消费外地企业提供的有形商品或无形服务。但是，区域营销的产品只能把消费者请过来就地消费，而不能异地提供。

（3）在企业市场营销中，不同企业可以为市场提供完全相同的产品，但在区域市场营销中，产品具有天然的差异性。由于受自然资源禀赋、人力资源、历史渊源以及经济发展状况等方面的限制，同一区域内不同具体产品以及不同区域内同一具体产品的品质以及未来发展前景存在着不同程度的差异，任何一个区域都无法提供同其他区域完全相同的营销产品。

10.1.1 区域产品战略规划内容

公司在不同区域会有不同的产品分配，一个区域会包含公司的若干个产品。对各区域的产品，规划人员需要进行具体分析。在拟定区域市场产品组合时，切忌一下将所有产品全部投放到目标区域市场上去，这是因为：

（1）公司现有产品未必都能适应当地消费者的要求，不合适的产品投放会影响到消费者对本品牌的认识和信心；

（2）过多的产品投放可能会造成营销资源的浪费，如货架空间的浪费、广告资源的浪费、人力资源的浪费等。

结合公司产品的整体规划和各产品的详细规划，区域产品规划的主要内容包括以下 4 个方面：

（1）分析本区域市场环境，明确本区域的目标客户群、市场吸引力和竞争对手优劣势；

（2）分析本区域产品与公司产品之间的关系、区域整体产品结构和生命周期；

（3）规划区域内产品 / 子区域 / 渠道的"721"原则，并结合分析结果进行目标细分；

（4）规划本区域的产品绩效。

10.1.2 区域产品战略规划流程

区域产品战略规划流程是产品战略规划的核心流程之一。它运用严格、规范的方法对区域市场客户的需求特性、竞争环境及对手、产品的结构进行分析，从而明确区域的销售目标和产品分类，并制定区域的战略绩效，保证销售目标的实现。规划人员可以参考以下步骤对区域产品进行战略规划。

第一步：产品区域市场环境分析。通过调研，了解区域产品的消费市场并进行市场细分；计算产品各消费市场的潜力大小，分析区域目标客户群的需求和消费行为；明确产品的区域竞争对手，与竞争对手进行能力比较，并对区域产品进行竞争定位。

第二步：产品诊断。分析区域产品与公司产品之间的匹配，对所有产品进行战略定位并分析区域产品之间的关系。

第三步：产品规划。利用"721"原则对区域产品、子区域和渠道进行规划，将各项目分为聚焦、突破和布局 3 种类别。

第四步：区域目标细化。将区域战略目标细分到该区域的各个产品、子区域和渠道。

第五步：战略绩效规划。为保证区域目标的顺利完成，以财务指标、新业务比例、核心竞争力和区域管理水平等指标对区域进行绩效管理。

10.1.3　区域产品战略规划作用

区域产品战略规划是公司产品战略规划的重要内容之一，对公司产品战略规划具有重要作用，具体表现在以下几方面。

一是可以更好地满足区域市场的需求。中国幅员辽阔，各区域在文化、气候、消费习惯、经济水平等方面均有所差异，区域化的产品战略比全国性、全球性的产品策略更贴近区域市场，符合区域消费者的需求。

二是能有效打击竞争对手。如果因实力悬殊而无法与竞争对手在全国乃至更大的范围内抗衡，那么在区域市场针对竞争对手的薄弱环节制定相应的产品策略，也许可以更有效地打击竞争对手，开拓市场。

三是可以提高区域运营效率。把资源和精力集中在有发展前途的区域市场上，所遭遇的营销阻力会减小，营销效率会增加，同时节约营销成本，提高利润。

10.2　区域产品市场环境分析

区域产品市场环境分析是针对公司产品的某一个销售区域，通过对其市场环境的全面调研，运用规范的方法从该区域产品的市场环境和竞争状况两方面进行分析，为区域产品规划提供所需要的基础数据。

10.2.1　区域产品市场分析

作为市场主体的企业，要想在强手如林的市场上稳健发展，必须建立明确而稳定的区域市场。区域市场是现代营销学细分市场的一个概念。企业在自身实力、知名度有限的情况下，要处理好市场局部和整体的关系，就要详细分析各区域市场，量力而行地制定区域销售目标，审时度势地规划区域市场推广方案。

区域产品市场具有以下几个方面的特性。

一是地理性。各地区地理位置的不同，导致文化、政治、语言、风俗、宗教的差异化，因而消费市场也各有特点，因此企业必须正视各地区的差异性，因地制宜地制定符合区域化特点的经营战略和营销推广策略。

二是相对性。相对于全球而言，亚洲是区域市场；相对于中国而言，山东是区域市场；相对于城市而言，农村又是区域市场。对不同的企业而言，区域是相对的。

三是可变性。对同一企业而言，它拥有多种产品，各产品在不同区域市场的潜力不同，因而目标市场定位不同，它又是可变的。

针对区域的三个特性，我们从区域市场细分、市场吸引力和主要消费群3个方面分析区域产品市场。

1.区域市场细分分析

区域市场细分是指在某个区域，依据不同群体之间对产品的不同需求将区域市场划分为不同的群体。可参考市场细分的4个依据（地理因素、人口统计因素、心理因素和行为因素）和划分方法进行市场细分。

通过对区域消费群进行市场细分，明确本区域各销售产品的目标客户群，输出区域产品的市场细分图，作为区域产品规划和销售的参考依据。

2.市场吸引力分析

市场吸引力分析包括两部分：第一，细分市场的潜力分析，目的是选择具有较大潜力的细分市场作为产品的目标消费群；第二，区域销售产品的市场吸引力分析，目的是选择在该区域具有较大市场吸引力的产品。

市场吸引力分析主要从市场容量、市场增长率和竞争程度等评价指标进行分析，根据不同行业、不同时期等条件的影响，赋予评价指标不同权重。最后输出该区域细分市场的潜力定位图和产品的市场吸引力定位图。

3. 主要消费群分析

区域细分市场，即区域的消费群，他们是使用产品、消耗产品、为公司创造利益的人。为了吸引更多消费者，公司需要了解目标客户群的特征、购买行为等信息，这些信息是在该区域推广产品、制定价格与宣传方式的基础，可以使产品的定位、营销方式更具有针对性。

10.2.2　区域产品竞争分析

区域产品竞争分析是指通过收集本区域产品信息和竞争对手信息，主要包括确定区域竞争对手、竞争能力分析、产品竞争定位 3 个方面，输出本区域产品的 SPAN 分析图，确认各产品和主要竞争对手的优劣势。

1. 确定区域竞争对手

根据产品市场信息和目标客户群，明确该区域产品的竞争对手，分清楚哪些是竞争对手，哪些实际上不是竞争对手。

区域产品的竞争对手，可以从两个层次进行分析：一个是该区域办事处所有产品的竞争对手，另一个是区域办事处各产品的竞争对手。对竞争对手按照重要性进行排序，清楚竞争对手的范围，如表 10–1 和表 10–2 所示。

表 10–1　A 区域的主要竞争对手

竞争对手的重要性	竞争对手	竞争范围
1		
2		
……		

表 10–2　A 区域产品的主要竞争对手

A 区域产品	竞争对手 1	竞争对手 2	……
产品 A_1			
产品 A_2			
……			

2.竞争能力分析

分析区域产品各竞争对手的能力，可以从各竞争对手的竞争优势、竞争劣势、各自的竞争策略和品牌认可度等评价指标进行分析。具体如表 10-3 所示。从中可以获取区域产品的最直接竞争对手的优劣势和营销策略的相关信息，从而制定出有针对性的竞争策略。

表 10-3　与竞争对手的能力比较

参考指标	竞争优势	竞争劣势	品牌认可度	竞争策略
A 区域				
竞争对手 1				
竞争对手 2				
……				

注：表格中的"竞争策略"一栏，填写的是自己的产品、每个竞争对手的产品采取的竞争策略

3.产品竞争定位

区域产品的竞争定位是对本区域产品市场份额、品牌等评价因素进行定性分析，评价结果分为高、中、低 3 个层次，将结果显示在以产品种类为横轴、竞争力大小为纵轴的二维图中。根据区域各产品的竞争力表现，一方面可以掌握各产品在市场竞争中的实力，另一方面可为产品进行 SPAN 提供输入，进而分析区域的产品结构，制定出适合本区域产品发展的竞争策略和营销策略。

10.3　区域产品诊断

区域产品诊断是指企业对进入本区域的产品进行资料收集后，分析本区域产品的发展、结构，作出现状判断。主要包括 3 个方面：区域产品与公司产品的匹配关系、区域产品的 SPAN（战略定位分析）和区域产品之间的关系。

10.3.1 区域产品与公司产品的匹配关系

区域产品与公司产品之间的匹配关系包含两部分内容：第一，在公司产品地图中，查找区域产品在公司产品地图上的分布状况，掌握本区域销售产品分布在哪些产品线上，已分布的产品线里销售了哪些产品；第二，分析该区域的主销产品是否和公司的主销产品相符，如果不相符，找出原因并分析是否合理，如果合理，则公司提供相应的资源。

分析该区域的主销产品是否和公司的主销产品相符，首先利用组合决策标准对区域产品进行评估，即从各产品的市场吸引力、竞争地位和财务能力进行综合考虑，然后根据本公司的评分标准对本公司的产品进行打分排序，其中公司产品是根据分数高低由左至右排列，区域产品是根据分数由上至下排列。最后，我们可以观察区域的不同产品与公司产品的匹配程度，如表10-4 所示。

表 10-4　区域产品与公司产品匹配关系

公司产品 区域产品	聚焦产品		突破产品		布局产品
聚焦产品					
突破产品					
布局产品					

如果公司的聚焦产品和区域的聚焦产品吻合，则匹配度较高；如果公司的聚焦产品是区域的突破产品，则匹配度中等；如果公司的布局产品是区域的聚焦产品，则匹配度较低。

通过分析区域产品与公司产品之间的匹配关系，第一，可以清晰了解公司在该区域销售产品的种类；第二，可以掌握区域产品的主销产品是否和公司吻合；第三，可以比较不同区域销售产品的区别，发现产品销售过程中的地理差异，为区域产品的引入提供信息支持。

10.3.2　区域产品的 SPAN

公司各销售区域的产品结构受区域地理位置、经济和文化的影响。可以利用 SPAN 对区域的各个产品进行定位，掌握该区域所有产品在 SPAN 图上的分布，分析形成此结构的原因，从而合理地规划本区域产品的发展，提高市场占有量和销售利润。

区域产品的 SPAN 是从产品所处区域的市场吸引力和竞争地位两个维度进行评估，并将计算结果绘制在 SPAN 图中。SPAN 图的不同表现形式具有不同的含义，如表 10-5 所示，列举了典型的结构分布，即绩优股、蓝筹股、潜力股、ST 股。

表 10-5　区域产品 SPAN 图

结构级别	数量表现形式	说明
绩优股		产品主要分布在第一、第二、第三区域，其中第一区域是该区域收入的主要支撑，第四区域是该区域的新产品。这种表现形式的该区域具有优秀的产品结构、良好的产品梯队
蓝筹股		产品主要落在第三区域，是该区域收入的主要来源；第一、第二区域也有部分产品，收入贡献较少；第四区域产品数量极少且贡献率很低。这种表现形式的该区域在市场上具有较高的竞争地位
潜力股		产品主要落在第二区域，是该区域收入的主要来源；第一、第三区域也有部分产品，对该区域收入贡献了部分力量；第四区域产品数量极少且贡献率很低。这种表现形式的该区域在市场上具有较高的市场吸引力
ST 股		产品主要落在第四区域，是该区域收入的主要来源；第二、第三区域也有部分产品，对该区域收入贡献了部分力量；第一区域产品数量极少且贡献率很低。这种表现形式的该区域结构抗风险能力差

在对产品进行战略地位分析时，区域内的产品应尽量多地进行战略地位分析。这样做，一是有利于明确区域产品结构的合理性，二是各个产品的战略角色定位的确定也为各个产品的营销策略提供依据。

10.3.3　区域产品之间的关系

区域内部各产品之间的关系，主要有竞争和互补两种。竞争关系是指两个或多个产品的目标客户群发生重叠，各产品为了扩大自己的市场份额，提高利润而产生一系列经营活动中互争的状态。互补关系是指两个或多个产品之间互相补充，能提高产品的功效，产生更大的经济效益。

明确区域内部产品之间的关系类别，可以采取不同的规划方案和销售策略。如果是互补关系的产品，就进行产品组合；如果是竞争关系的产品，就要采取产品分隔销售，分隔销售主要有渠道分隔销售、价格分隔销售和产品组合分隔销售 3 种。例如，订书机和订书钉属于互补关系，但不同型号的订书机可以在农村市场与城市市场进行区分。

10.4　区域产品规划

通过区域内各产品的定位和组合分析，确定本区域内各产品销售目标和发展方向，详细制定本区域及其子区域的营销策略，并利用"721"原则，确定本区域的产品、渠道和本区域的"721"原则。

10.4.1　区域"721"原则

区域"721"原则是利用"721"原则对某销售区域内的产品、子区域和渠道 3 方面进行规划，目的是充分利用和分配该区域获得的资源，产生最大的经济效益。这是区域产品规划内容的基础，可以指导区域目标细分和产品战略角色定位。

1. 区域产品的"721"原则

区域产品的"721"原则是区域发展规划的核心内容之一，有利于集中精力和资源拓展市场吸引力和竞争地位都高的产品。

对这 3 类区域产品使用"721"原则，建议的资源配置行为是 70% 的资源投入聚焦产品，20% 的资源投入突破产品，10% 的资源投入布局产品，如图 10-1 所示。

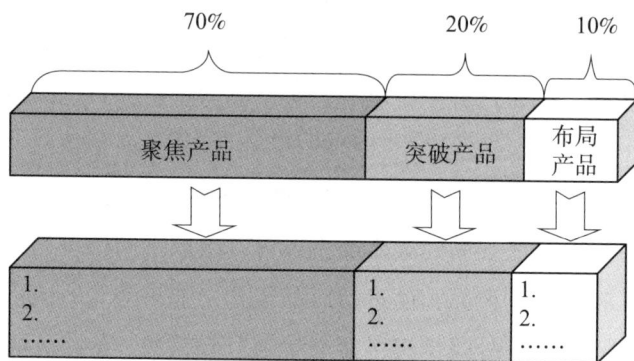

图 10-1　区域产品"721"原则

2. 子区域的"721"原则

一般对于较大的区域，都会有子区域的划分。例如，按照中国的行政区域划分，省级区域下面还有各市级区域，市级区域还包括各县级区域。不同的子区域由于地理位置、人口数量、经济发展水平等也会产生不同的销售特征。因此，有必要针对较大的市场销售区域进一步分析各子区域的战略地位，进行子区域"721"原则，优化区域资源配置，提高销售量。

对这三类子区域使用"721"原则，建议资源配置行为是 70% 的资源投入聚焦子区域，20% 的资源投入突破子区域，10% 的资源投入布局子区域。

3. 区域渠道的"721"原则

公司各销售区域具有不同的资源优势和劣势，其渠道开发状况不一定同公司的"721"原则渠道相吻合，需要具体问题具体分析，对公司某销售区域的渠道的销售额、增长率、贡献率等指标进行计算，并在 SPAN 图上确定它们的战略地位，最终分析、规划本区域渠道的"721"原则。

对这 3 类产品渠道使用"721"原则，建议资源配置行为是 70% 的资源投入区域聚焦渠道，20% 的资源投入区域突破渠道，10% 的资源投入区域布局渠道。

10.4.2 区域目标细化

前面我们从公司角度对各区域进行了战略分析、目标分配等，那么各区域将如何完成自己的短期、中期和长期目标呢？这一节，我们将各区域的目标分配到各产品、子区域和渠道等细分项目中。

明确了某销售区域的销售产品、子区域和渠道，并可利用 SPAN 和区域、渠道定级模型对它们进行定位。如表 10-6、表 10-7 和表 10-8 所示，进行区域目标细化。将各产品、子区域、渠道按定位级别 A、B、C、D 由上到下排序，T 代表今年的时间，T+1、T+2、T+3 代表未来三年的时间，在每一年的下方列出相应细分项目的销售额、增长率和贡献率。其中，若以 S_i 代表某产品 / 子区域 / 渠道的销售额，μ_i 代表它们的市场潜力指数，则

$$S_i = \frac{\text{标杆销售额}}{\text{标杆市场潜力指数}} \times \mu_i \qquad (10\text{-}1)$$

$$\text{标杆次年销售额} = \text{标杆今年销售额} \times \text{本年度公司平均增长率} \qquad (10\text{-}2)$$

标杆销售额是指在本公司完成的相对较好的产品、子区域、渠道，增长率和贡献率计算方法前文已详细叙述，这里就不再赘述。

表 10-6 区域目标产品细化

规划级别	产品名称	T+1			T+2			T+3			平均增长率	平均增长率排名
		销售额	增长率	贡献率	销售额	增长率	贡献率	销售额	增长率	贡献率		
聚焦产品	产品 A_1											
	产品 A_2											
突破产品	产品 B_1											
	产品 B_2											
布局产品	产品 C_1											
	产品 C_2											
新产品	产品 D_1											
合计												

表 10-7　区域目标子区域细化

战略定位级别	子区域	T+1			T+2			T+3			平均增长率	平均增长率排名
		销售额	增长率	贡献率	销售额	增长率	贡献率	销售额	增长率	贡献率		
聚焦产品	子区域 A_1											
	子区域 A_2											
突破产品	子区域 B_1											
	子区域 B_2											
布局产品	子区域 C_1											
	子区域 C_2											
新产品	子区域 D_1											
合计												

表 10-8　区域目标渠道细化

战略定位级别	渠道	T+1			T+2			T+3			平均增长率	平均增长率排名
		销售额	增长率	贡献率	销售额	增长率	贡献率	销售额	增长率	贡献率		
聚焦产品	渠道 A_1											
	渠道 A_2											
突破产品	渠道 B_1											
	渠道 B_2											
布局产品	渠道 C_1											
	渠道 C_2											
新产品	渠道 D_1											
合计												

　　本区域目标的产品、子区域、渠道的细化，都是预测或计划的销售额，需要与本区域产品的总销售目标相一致。本部分的内容由区域经理负责，各子区域的经理、推广经理、商务经理和销售经理等一起协商完成。

10.5　区域战略绩效管理

区域战略绩效是一种以区域战略为导向的绩效管理模式，能够促使企业在该区域的计划、组织、控制等所有管理活动全方位地发生联系并适时进行监控。对公司各销售区域进行战略绩效管理有助于监控销售过程，并促进区域战略目标的完成。

10.5.1　区域战略绩效概述

区域战略绩效是指对企业的区域战略制定实施过程，对其结果采取一定的方法进行考核评价，并辅以相应激励机制的一种管理方式。其活动内容主要包括两方面：一是根据企业在该区域的战略，建立科学规范的绩效管理体系，以区域发展战略为中心牵引该区域各项经营活动；二是依据区域绩效管理制度，对每一个绩效管理循环周期进行检讨，对经营团队进行绩效评价，并根据评价结果对其进行价值分配。

区域战略绩效是战略规划过程中的重要组成部分，对区域战略的规划、实施具有重大影响，主要体现在如下三个方面。

第一，明确区域战略目标。明确区域目标是为了能够制定对该区域战略形成有效支撑的绩效管理指标，牵引区域的各项经营活动始终围绕着区域战略来展开。

第二，建立区域战略绩效管理运作系统，落实责任机制。绩效管理运作系统主要包括绩效计划、绩效实施、绩效考核、绩效反馈 4 个环节，即依据区域战略绩效管理制度对下一个业绩循环周期进行定期评估，并根据考核结果进行相应奖励。

第三，促进区域组织协同，包括纵向协同与横向协同。纵向协同是指区域目标、部门目标、岗位目标要保持纵向一致，即上下级之间的沟通与协同；横向协同主要是指跨部门的目标通过流程的横向分解，即平行部门或者平行岗位之间的沟通与协同。

10.5.2 区域战略绩效内容设计

传统绩效管理以财务指标为核心，这种体系以利润为导向，立足于对当前状态的评价，既不能体现非财务指标和无形资产对企业的贡献，也无法评价区域未来发展潜力，不能完全符合区域战略发展的要求，在管理和控制中并未充分体现企业的长期利益，无法在企业经营整体上实现战略性改进。

随着信息时代的到来，区域核心价值以及获得竞争优势不再体现在有形资产上，对企业的销售区域亦是如此，企业价值基础来源由有形资源向无形资源改变。对于区域绩效管理，主要从财务指标、新业务比例、核心竞争力和区域管理水平 4 个 KPI（关键绩效指标）进行考查。

（1）财务指标是指企业总结和评价该区域财务状况和经营成果的相对指标，可以揭示和披露该区域的经营现状，从而对该区域经济效益的优劣作出准确的判断和评价。但是，该指标面向过去却不反映未来，不利于评价该区域在未来创造价值的能力。

（2）新业务比例展示了区域目前的业务结构，能扩大企业在该区域的影响，树立形象，不断提高、发展和完善过去已有的业务，影响着区域的可持续发展，是区域实现跨越发展的巨大动力。企业故步自封没有前途，满足于过去没有希望。因此，该指标的权重比例不能小于 20%。

（3）核心竞争力体现了公司产品在该区域的市场竞争能力，是一个企业在该区域市场能够长期获得竞争优势的能力，是经得起时间考验的，具有延续性且竞争对手难以模仿的技术或能力，是组织具备的能应对变革与激烈的外部竞争，并战胜竞争对手的能力的集合。

（4）区域管理水平是企业在该区域的生产经营活动中进行组织、计划、指挥、监督和调节等一系列职能的总称。随着市场竞争的日益激烈，企业要想在各区域的市场竞争中立于不败之地，必须不断地提高区域管理水平。区域管理水平的高低影响着区域发展的方向与持续经营的时间。因此，如何提高区域管理水平，是企业应高度重视并亟待解决的问题。

10.5.3　区域战略绩效框架

区域战略绩效框架主要介绍如何从财务指标、新业务比例、核心竞争力和区域管理水平 4 个 KPI 进行计划。财务指标主要参考区域销售收入和增长率，权重为 a_1；新业务比例从新产品在销售中所占的比例和新客户在销售中所占的比例两方面考虑，权重为 a_2；核心竞争力从产品、区域、渠道和客户群收入及利润结构指标考查，权重为 a_3；区域管理水平从人均创利、人均成本降低和人员结构的合理性三方面考查，权重为 a_4。

$$a_1+a_2+a_3+a_4=100\%$$

$$a_{11}+a_{12}=a_1$$

$$a_{21}+a_{22}=a_2$$

$$a_{31}+a_{32}+a_{33}=a_3$$

$$a_{41}+a_{42}+a_{43}=a_4$$

根据公司整体情况对每一个评价指标及其细分项目设定评价标准，依据该区域各指标的具体表现进行评分，将评分分数与相应权重相乘，得出最后结果。具体表现形式如表 10-9 所示。

表 10-9　区域绩效考核表格

序号	区域级 KPI		权重	区域绩效考核	得分	说明
1	财务指标	销售收入	a_1	a_{11}		评价区域的规模
		增长率		a_{12}		评价区域的利润和效益
2	新业务比例	新产品在销售中所占的比例	a_2	a_{21}		评价区域的可持续发展
		新客户在销售中所占的比例		a_{22}		
3	核心竞争力	产品收入及利润结构指标	a_3	a_{31}		评价区域的整体竞争能力
		区域收入及利润结构指标		a_{32}		
		渠道和客户群收入及利润结构指标		a_{33}		

续表

序号	区域级KPI		权重	区域绩效考核	得分	说明
4	区域管理水平	人均创利	a_4	a_{41}		评价区域的管理水平
		人均成本降低		a_{42}		
		人员结构的合理性		a_{43}		
合计			100%	100%		

案例分享

××医药公司上海办事处运用区域战略绩效考核协助本区域完成战略目标。该地区年平均增长率达到40.3%，到2025年计划突破亿元销售大关，达到1.049亿元。具体销售情况为2022年3732万元，2023年5240万元，2014年7388万元，2025年计划1.049亿元，如图10-2所示。其中，柱形表示销售额，折线表示年增长率。

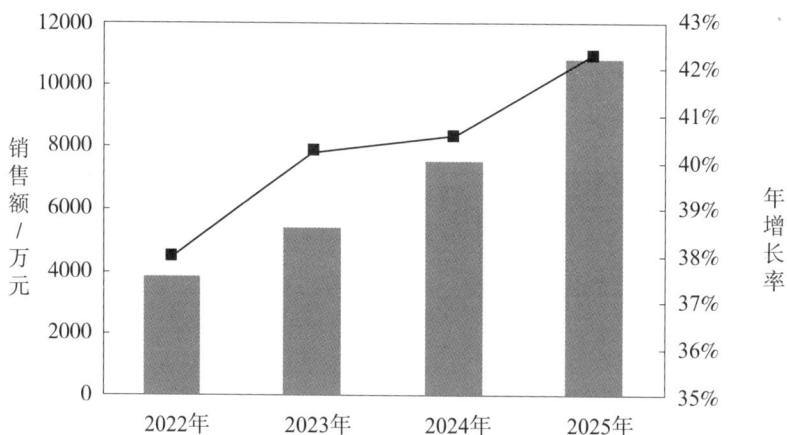

图10-2 上海办事处2022—2025年销售收入

该公司对各销售区域的绩效考核从财务指标（40%）、新产品的增长（30%）、区域覆盖率（10%）、渠道结构合理性（15%）和人均产出（5%）5个KPI进行考核，评分标准如表10-10所示。上海办事处在未来几年将进入发展的快车道，2023年平均增长率达到40%，产品结构和渠道结构逐步合理完善，人均产出逐年增加，所以战略目标的考核得分比较高。参照评分标准，依据上海办事处的实际情况，对 2022 年上海办事处的销售绩效进行打分，结果为 0.78 分，如表 10-11 所示。

表 10-10　上海办事处战略绩效考核评分标准

序号	考核要素		评分标准
1	财务指标	销售额增长率≥40%	超过 40% 得满分，35%～40% 得 0.30 分，30%～35% 得 0.20 分，<30% 者不得分
2	新产品的增长	主推新产品的增长率≥50%	超过 50% 得满分，40%～50% 得 0.40 分，30%～40% 得 0.30 分，<30% 不得分
		新产品的贡献率≥15%	超过 15% 得满分，10%～15% 得 0.05 分，<10% 者不得分
3	区域覆盖率	地级市≥100%	达到 100% 得满分，<100% 者不得分
		县级市≥70%	超过 70% 得满分，≤70% 者不得分
4	渠道结构合理性	诊所、卫生院≥10%	超过 10% 得满分，7%～10% 得 0.03 分，<7% 者不得分
		医院渠道贡献率≥10%	超过 10% 得满分，7%～10% 得 0.03 分，<7% 者不得分
		商超贡献率≥5%	超过 5% 得满分，3%～5% 得 0.03 分，<3% 者不得分
5	人均产出高于公司要求		
合计			合计得分不得低于 0.70 分

表 10-11　2022 年上海办事处战略绩效考核结果

序号	考核要素		权重	区域规划状况	得分
1	财务指标	销售额增长率≥40%	0.40	41.00%	0.40
2	新产品的增长	主推新产品的增长率≥50%	0.15	77.00%	0.15
		2022 年新产品的贡献率≥15%	0.15	13.47%	0.05
3	区域覆盖率	地级市≥100%	0.07	地级覆盖率 100%	0.07
		县级市≥70%	0.03	县级达到 83.00%	0.03

序号	考核要素		权重	区域规划状况	得分
4	渠道结构合理性	诊所、卫生院≥10%	0.05	1.30%	0
		医院渠道贡献率≥10%	0.05	8.30%	0.03
		商超贡献率≥5%	0.05	1.90%	0
5	人均产出高于公司要求		0.05		0.05
合计			1		0.78